AUTORI

Paolo Crippa (23 aprile 1978) coltiva sin dai tempi del Liceo la passione per la Storia italiana, soprattutto della Seconda Guerra Mondiale. Le sue ricerche si incentrano soprattutto nel campo della storia militare ed in particolare sulle unità corazzate a partire dagli anni '30 fino alla fine della Seconda Guerra Mondiale. Nel 2006 pubblica il suo primo volume, "I Reparti Corazzati della Repubblica Sociale Italiana 1943/1945", prima ricerca organica compiuta e pubblicata in Italia sull'argomento, a cui fanno seguito "Duecento Volti della R.S.I." (2007) e "Un anno con il 27° Reggimento Artiglieria Legnano" (2011). Ha all'attivo una quarantina di articoli per le riviste Milites, Historica Nuova, SGM – Seconda Guerra Mondiale, Batailes & Blindes, Mezzi Corazzati e Storia del Novecento, sia come autore, sia in collaborazione con altri ricercatori. Ha realizzato collaborazioni e consulenze per altri autori nella stesura di testi storico – uniformologici. Con Mattioli 1885 ha pubblicato "Italia 43 – 45 – I blindati di circostanza della Guerra Civile" (2014), "I mezzi corazzati della Guerra Civile 1943 -1945" (2015) e Italia 43 – 45 – I mezzi delle unità cobelligeranti (2018).

Paolo Crippa (23 April 1978) has cultivated his passion for Italian history since high school. His research interests are focused mainly in the field of military history and in particular on italian armored units from the 30s until the end of World War II. In 2006 he published his first volume, "I Reparti Corazzati della Repubblica Sociale Italiana 1943/1945", the first organic research carried out and published in Italy on the subject. In 2007 he published "Duecento Volti della R.S.I." and in 2011 " Un anno con il 27° Reggimento Artiglieria Legnano". He regularly contributes to several journals: Milites, New Historica, SGM - World War II, Batailes & Blindes, Armoured Vehicles and history of the twentieth century, Mezzi Corazzati, both as an author, or in collaboration with other researchers. He published with the editor Mattioli 1885 in 2014 "Italy 43 – 45 – Civil War improvised AFV's" (2014), "Italian AFV's of the Civil War 1943 - 1945" (2015) and "Italy 43 – 45 – AFV's and MV's of co-belligerent units" (2018).

Carlo Cucut è nato a Nole (TO) nel 1955. Ha coltivato la passione per la storia sin da ragazzo e negli anni ha approfondito questo interesse dedicandosi alla ricerca storica. Ha pubblicato articoli sulle riviste: "Storia del XX Secolo", "Storie & Battaglie", "Milites" e "Ritterkreuz". In campo editoriale ha pubblicato vari volumi per Marvia Edizioni: "Penne Nere sul confine orientale. Storia del Reggimento Alpini "Tagliamento" 1943-1945", vincitore del Premio De Cia; "Attilio Viziano. Ricordi di un corrispondente di guerra"; "Forze Armate della RSI sul fronte orientale"; "Forze Armate della RSI sul fronte occidentale"; "Forze Armate della RSI sulla linea Gotica"; "Alpini nella Città di Fiume 1944-1945". Per il Gruppo Modellistico Trentino ha pubblicato "Le forze armate della RSI 1943-1945. Forze di terra".

Carlo Cucut was born in Nole (TO) in 1955. He cultivated a passion for history as a boy and over the years has deepened this interest by dedicating himself to historical research. He published articles in the italian magazines: "Storia del XX Secolo", "Storie & Battaglie", "Milites" and "Ritterkreuz". He published various volumes for Marvia Edizioni: "Penne Nere on the eastern border. History of the Alpini's Regiment "Tagliamento" 1943-1945 ", winner of the "De Cia" Award; "Attilio Viziano. Memories of a war correspondent "; "Armed Forces of RSI on the eastern front"; "Armed Forces of RSI on the Western Front"; "Armed Forces of RSI on the Gothic Line"; "Alpini in the City of Rijeka 1944-1945". For the Trentino Modeling Group he published "The armed forces of RSI 1943-1945. Land forces ".

PUBLISHING'S NOTES

None of unpublished images or text of our book may be reproduced in any format without the expressed written permission of Luca Cristini Editore (already Soldiershop.com) when not indicate as marked with license creative commons 3.0 or 4.0. Luca Cristini Editore has made every reasonable effort to locate, contact and acknowledge rights holders and to correctly apply terms and conditions to Content.
Every effort has been made to trace the copyright of all the photographs. If there are unintentional omissions, please contact the publisher in writing at: info@soldiershop.com, who will correct all subsequent editions.
Our trademark: Luca Cristini Editore@, and the names of our series & brand: Soldiershop, Witness to war, Museum book, Bookmoon, Soldiers&Weapons, Battlefield, War in colour, Historical Biographies, Darwin's view, Fabula, Altrastoria, Italia Storica Ebook, Witness To History, Soldiers, Weapons & Uniforms, Storia etc. are herein @ by Luca Cristini Editore.

LICENSES COMMONS

This book may utilize part of material marked with license creative commons 3.0 or 4.0 (CC BY 4.0), (CC BY-ND 4.0), (CC BY-SA 4.0) or (CC0 1.0). We give appropriate attribution credit and indicate if change were made in the acknowledgments field. Our WTW books series utilize only fonts licensed under the SIL Open Font License or other free use license.

For a complete list of Soldiershop titles please contact Luca Cristini Editore on our website: www.soldiershop.com or www.cristinieditore.com.
E-mail: info@soldiershop.com

Titolo: **LE DIVISIONI DELL'E.N.R. 1943-1945 VOLUME 1 - 1a DIVISIONE "ITALIA", 2a DIVISIONE "LITTORIO**
Code.: **WTW-011 IT** Di Paolo Crippa e Carlo Cucut
ISBN code: 978-88-93275804 prima edizione Maggio 2020
Lingua: Italiano Nr. di immagini: 98 dimensione: 177,8x254mm Cover & Art Design: Luca S. Cristini

WITNESS TO WAR (SOLDIERSHOP) is a trademark of Luca Cristini Editore, via Orio, 35/4 - 24050 Zanica(BG) ITALY.

WITNESS TO WAR

LE DIVISIONI DELL'E.N.R
1943 – 1945 VOLUME 1
1ª DIVISIONE "ITALIA"
2ª DIVISIONE "LITTORIO"

PHOTOS & IMAGES FROM WORLD WARTIME ARCHIVES

PAOLO CRIPPA - CARLO CUCUT

BOOKS TO COLLECT

INDICE

1a Divisione Bersaglieri "Italia" .... pag. 5
1° Reggimento Bersaglieri .... pag. 12
    107a Compagnia Cacciatori Carro
    I Battaglione
    II Battaglione
    III Battaglione
2° Reggimento Bersaglieri .... pag. 23
    I Battaglione
    II Battaglione
    III Battaglione
4° Reggimento Artiglieria .... pag. 31
    Comando
    Batteria Comando Reggimentale
    I Gruppo Artiglieria
    II Gruppo Ippotrainato Artiglieria
    III Gruppo Artiglieria
IV Gruppo Esplorante Divisionale .... pag. 37
Reparti Divisionali
    Battaglione Pionieri
    Battaglione Collegamenti
    Battaglione Trasporti
    Compagnia Controcarro Divisionale
    Reparto Sanità
    Intendenza

2a Divisione Granatieri "Littorio" .... pag. 51
3° Reggimento Granatieri .... pag. 55
    I Battaglione Granatieri
    II Battaglione Granatieri
    III Battaglione Granatieri
    103a Compagnia Cacciatori di Carro
4° Reggimento Alpini .... pag. 65
2° Reggimento Artiglieria .... pag. 80
    I Gruppo Artiglieria Alpina "Gran Sasso"
    II Gruppo Artiglieria Alpina "Romagna"
    III Gruppo Artiglieria Alpina "Verona"
    IV Gruppo Artiglieria da Campagna
Reparti Divisionali .... pag. 90
    2a Compagnia Anticarro Divisionale
    II Battaglione Pionieri   61
    II Battaglione Esplorante
    II Battaglione Trasporti
    II Battaglione Collegamenti
    Reparto Sanità
    Intendenza
    2a Sezione Mobile G.N.R.
    Scuola d'Alpinismo e Sci

    Bibliografia .... Pag. 98

1ª DIVISIONE BERSAGLIERI "ITALIA"

La Divisione Bersaglieri "Italia" venne costituita ufficialmente nel novembre del 1943, ma solo nella primavera del 1944 iniziò l'addestramento nel Campo di Heuberg in Pomerania. Era costituita da ex internati, militari di leva e volontari provenienti dal Centro Costituzione Grandi Unità. Completato il periodo di addestramento, il 17 luglio 1944 sfilò dinanzi al Duce, ricevendone, alla fine della sfilata, le Bandiere di combattimento per i Reggimenti. Sembrò quindi che il momento del rientro della "Italia" in Patria fosse giunto ma, causa la controversia scoppiata con i tedeschi circa l'invio di migliaia di militari italiani in Germania per essere incorporati nella Flak e il ritiro dell'armamento tedesco destinato alle costituende Divisioni tedesche da inviare sul fronte occidentale, l'addestramento conclusivo della Divisione venne bloccato, per riprendere nel mese di agosto e concludersi in autunno. Fu quindi solo nel mese di dicembre 1944 che la Divisione poté rientrare in Italia, con un trasferimento reso particolarmente difficoltoso dalla carenza di mezzi di trasporto e per i bombardamenti aerei delle linee ferroviarie che, causando molteplici interruzioni, costrinsero molti Reparti a terminare il viaggio per ferrovia a Brescia o Verona, e a completare il trasferimento a piedi fino alla zona di concentramento della Divisione, situata tra Parma, Sala Baganza (PR) e Pontremoli (MS). I trasferimenti appiedati vennero effettuati durante la notte, per evitare gli attacchi aerei, con tratti percorsi della lunghezza anche di 50 chilometri, in condizioni atmosferiche estremamente critiche, causa la pioggia e la neve abbondante. Giunti nella zona assegnata, il Comando Divisione venne collocato ad Ozzano (BO), il 1° Reggimento Bersaglieri a Berceto (PR), il 2° Reggimento Bersaglieri a Nord Ovest di Collecchio (PR) ad oriente del Fiume Taro, il 4° Reggimento Artiglieria tra Collecchio ed Ozzano, il IV Gruppo Esplorante a Sala Baganza, i Cacciatori di Carro a Fornovo (PR), i Servizi e l'Intendenza a Felino (PR) e Sala Baganza. La fatica del trasferimento, le condizioni del vestiario, la situazione di dispersione in tanti nuclei, favorì la propaganda dei civili e dei partigiani che incitavano alla diserzione, oltre ad allentare la disciplina. Nei primi giorni del gennaio 1945, il Comando tedesco dette inizio all'Operazione "Totila", un vasto rastrellamento antipartigiano nella zona montana nel parmense fra Borgo Val di Taro, Bardi, Bedonio, le retrovie di Aulla. Al rastrellamento parteciparono anche i Bersaglieri del 2° Reggimento della Divisione "Italia". Verso la metà di gennaio 1945 iniziò il trasferimento della "Italia" verso la linea della Valle del Serchio, attraverso il Passo della Cisa, Pontremoli e Aulla, trasferimento che venne effettuato soprattutto nelle ore notturne per evitare l'offesa aerea Alleata, reso ancora più arduo e faticoso per la carenza di mezzi di trasporto e per le condizioni meteorologiche proibitive, con forti precipitazioni nevose che ritardarono di molto l'arrivo in linea. Molti furono però i reparti della Divisione che rimasero nella zona del parmense, dagli Ospedali militari ai magazzini divisionali, dai presidi destinati al controllo della S.S. 62 della Cisa a quelli destinati al presidio alla linea ferroviaria Parma – Pontremoli. Solo verso la fine di gennaio iniziò lo scambio di consegne tra i Comandi. Sul fronte della Garfagnana, i Reparti della "Italia" andarono a sostituire i Reparti della "Monterosa", della "San Marco" e della 148. Infanteriedivision tedesca. Il settore delle Alpi Apuane e della Valle del Serchio divenne quindi di competenza della "Italia", alla quale rimasero aggregati il Battaglione "Intra" e il Gruppo Artiglieria "Bergamo" della "Monterosa", con il compito di aiutare l'inserimento dei Bersaglieri in linea, giunti molto provati e sfiduciati al fronte. Tra il 24 e il 26 gennaio, la Divisione venne visitata dal Duce, che volle così appurare di persona lo stato dei Bersaglieri e cercare di sollevare il morale dei soldati. Oltre al Comando di Divisione di Ozzano, Mussolini visitò anche alcuni presidi, ispezionò i reparti della zona di Collecchio, a Pontremoli e presso Aulla, per poi rientrare a Gargnano. Dal 4 all'11 febbraio gli americani lanciarono l'Operazione "Quarto Termine", con un attacco diversivo nella Valle del Serchio e l'attacco principale nel settore costiero della Versilia, con l'obiettivo di superare la linea di resistenza costiera e giungere a Massa, scardinando quindi la Massa Rigel che impediva di giungere alla piazzaforte di La Spezia. Fu questa la prima vera prova del fuoco per i Bersaglieri della "Italia", anche se solo un settore era di loro competenza, in quanto la linea era ancora difesa da Alpini e Marò affiancati ai nuovi arrivati per fare esperienza. Al termine dell'offensiva americana le posizioni rimasero praticamente invariate, questo però grazie ai veterani della "Monterosa" e dalla "San Marco" che contribuirono, con i reparti della riserva tedeschi e italiani, a ripristinare le falle apertesi a causa del crollo di alcuni reparti del II Battaglione del 1° Reggimento, crollo causato dall'inesperienza bellica dei Bersaglieri e dalla scarsa qualità di alcuni ufficiali. Superata questa prova e completata la sostituzione con i precedenti reparti in linea, i Bersaglieri della "Italia" fornirono buone prove, dimostrando le loro qualità e recuperando fiducia nei propri mezzi durante la successiva permanenza al fronte. Il Comando di Divisionale venne schierato a Camporgiano, già sede del precedente Comando della "Monterosa" mentre, a partire dal 21 febbraio, il Generale Carloni riassunse il Comando della Divisione. Scattata l'offensiva finale Alleata nell'aprile 1945, la Divisione rimase saldamente attestata sulle sue posizioni pur avendo i fianchi scoperti, causa la ritirata delle Divisioni tedesche che furono costrette a cedere alla pressione delle truppe Alleate. Dal 10 aprile vennero quindi predisposti una serie di interventi, concertati tra il Generale Carloni e il Generale Fretter-Pico, Comandante della 148. Infanteriedivision, il cui obiettivo era la ritirata dei reparti verso la sponda del Po attraverso il Passo del Cerreto, per Reggio Emilia, e attraverso il Passo della Cisa per Parma, raccogliendo anche i reparti provenienti da La Spezia. Per realizzare in sicurezza tale ripiegamento, vennero predisposti una serie di capisaldi difensivi con il compito di fermare le avanguardie Alleate che avanzano lungo la costa e verso l'entroterra alle spalle della Valle del Serchio. Furono quindi costituiti due Gruppi da Combattimento, denominati "Gruppo Ferrario" e "Gruppo Zelli-Jacobuzzi" dal nome dei rispettivi Comandanti, che ebbero il compito di agire come retroguardia, per ritardare quanto più possibile l'avanzata degli Alleati. Il ripiegamento verso la Pianura Padana venne contrastato pesantemente da continui bombardamenti, che provocarono pesanti perdite in uomini, mezzi, quadrupedi e carriaggi, inoltre in alcune zone fecero la comparsa i partigiani, con azioni di cecchinaggio. Ma fu particolarmente dura l'azione dei Gruppi da Combattimento, che contrastarono, fin che ebbero forza, gli attacchi Alleati. Di rilievo i combattimenti sostenuti sul Colle Musatello e sulle quote di Viano, dove il 22 venne decimata la 1a Compagnia del Battaglione "Mameli", del "Gruppo Ferrario", e di San Terenzo e Ceserano dal "Gruppo Zelli-Jacobuzzi". Concentrati i reparti a Fornovo Taro, il 28 avvenne l'ultimo combattimento, con il "Gruppo Ferrario" che tentò di superare il Taro per sfondare le linee Alleate e proseguire il ripiegamento, tentativo respinto dalle preponderanti forze avversarie. Il 29 aprile 1945, la 1a Divisione "Italia" si arrese ai brasiliani della F.E.B. ricevendo l'onore delle armi.

Organigramma Divisionale

• Comandante: Generale di Divisione Giardina, poi Colonnello i.g.s. Mario Carloni, quindi Colonnello i.g.s. Guido Manardi (Generale di Brigata dal 19 agosto 1944), infine il Generale di Brigata (Generale di Divisione dal 22 febbraio 1945) Mario Carloni.
• Ufficiali Addetti: Tenente Martella, Tenente Valli, Tenente Henzel.
• Ufficio 1/A Operazioni: comandante Tenente Colonnello Teodoro Anela, poi Colonnello Luigi Tarsia, infine Tenente Colonnello Antonio Bertone.
• Ufficiali Addetti: Capitano Ferrari, Tenente Travaglia.
• Ufficio 1/B Servizi: comandante Capitano i.g.s. Tescion, ufficiali Capitano Peradotto.
• Ufficio 1/C Informazioni: Capitano Penso, Capitano Loffredo, Capitano Ruisi.
• Ufficiali Addetti: Tenente Cambiè, Tenente Cittadini, Tenente Ulivieri, Tenente Vaccari, Sottotenente Bonato, Sottotenente Pilotti.
• Ufficio 1/D Addestramento: Tenente Verderoni.
• Ufficio 2/A Personale: Capitano Salinari, Maggiore D'Autilia.
• Ufficio 2/B Personale: Tenente Fragiacomo.
• Tribunale: comandante Tenente Colonnello Spitaleri, ufficiali Sottotenente Faranda, Capitano Pasquinangeli, Tenente Muder, Tenente Nocentini.
• Ufficio 4/A Intendenza: comandante Maggiore Pacini, ufficiali Capitano Pierallini, Tenente Giaccone, Tenente Roncarolo.
• Ufficio 4/B Sanità: Maggiore Medico Ferrari.
• Ufficio 4/C Veterinaria: comandante Capitano Veterinario Da Como-Annoni, ufficiali Sottotenente Veterinario Bardi.
• Ufficio 4/D Assistenza Spirituale: Capitano Enrico Don Saporiti.
• Ufficio 5 Trasporti: Capitano Gherardi.
• Deposito: comandante Colonnello Casanova, poi Colonnello Arpaja, ufficiali Capitano Nigrelli, Maggiore De Silva, Capitano Lo Monaco.
• Gruppo interpreti: Tenente Iselghio, Sottotenente Nascinbeni.
• Gendarmeria: Capitano Piciocchi.
• 4a Sezione GNR: Tenente Menga.
• 7a Sezione GNR: Tenente Beretta.
• UDOF: Capitano F. Bologna, Tenente Muner, Tenente Bracciolini.
• D.K.V. n. 180: Generale Oetchen, poi Generale Eibl.

1° Reggimento Bersaglieri
• Compagnia Comando Reggimentale
• Colonna Leggera
• I Battaglione
• II Battaglione
• III Battaglione
• 107a Compagnia Cacciatori Carro

2° Reggimento Bersaglieri
• Compagnia Comando Reggimentale
• Colonna Leggera

- I Battaglione
- II Battaglione
- III Battaglione
- 108a Compagnia Cacciatori Carro

4° Reggimento Artiglieria
- Batteria Comando Reggimentale
- Colonna Leggera
- I Gruppo obici da 75/13 (su Batteria Comando Gruppo e 3 Batterie)
- II Gruppo cannoni da 75/27 (su Batteria Comando Gruppo e 3 Batterie)[1]
- III Gruppo Pesante obici da 149/19 (su Batteria Comando Gruppo e 2 Batterie)
- IV Gruppo ((su Batteria Comando Gruppo e 3 Batterie)[2]

IV Gruppo Esplorante
- Reparto Comando
- 2° Squadrone Leggero
- 2° Squadrone Leggero
- 3° Squadrone Pesante

Reparti Divisionali
- IV Battaglione Pionieri
- IV Battaglione Collegamenti
- IV Battaglione Trasporti (5 colonne trasporti ed 1 magazzino)
- CIV Battaglione Complementi (mantenuto in posizione quadro)
- 4a Compagnia Anticarro Divisionale
- Reparto Sanità su:
    - 104a Compagnia Sanità
    - 4a Compagnia Sanità
    - IV Nucleo Chirurgico
    - IV Plotone Ambulanze
- Reparto Intendenza su:
    - Compagnia Amministrazione
    - Compagnia Panettieri
    - Compagnia Macellai
    - Compagnia Veterinaria
    - Compagnia Officina
    - Compagnia Sussistenza
- 4a e 7a Sezione G.N.R.
- Tribunale Militare
- Deposito Divisionale

---

[1] Il II Gruppo giunto in Italia venne dotato di obici da 75/18 in sostituzione dei cannoni da 75/27, ma erano così in cattivo stato d'uso che il Comando fu indeciso se mantenere in servizio i vecchi 75/27.

[2] Il IV Gruppo Artiglieria, a seguito della riorganizzazione della Divisione nell'ultima parte dell'addestramento in Germania, non venne impiegato come tale, ma fornì il suo personale agli altri tre Gruppi del 4° Reggimento Artiglieria e venne sciolto.

Organico

Nel giugno 1944 viene segnalata una situazione di un totale di 14.183 militari, di cui 3.720 ex IMI, 9.902 affluiti dall'Italia e 561 già in zona. Alla data del 1° settembre 1944 le nuove tabelle d'armamento prevedevano: 461 Ufficiali, 1.864 Sottufficiali e 9.047 Truppa, per un totale di 11.367 militari, mentre la situazione reale presentava una forza della Divisione di 11.960 uomini, con un esubero di ufficiali e sottufficiali. La situazione organici alla data del 28 febbraio 1945 mostra una tabella con un totale di 10.962 italiani e 1.237 tedeschi tra ufficiali, sottufficiali, truppa, interpreti e personale civile, e una consistenza di effettivi di 8.831 italiani e 1.188 tedeschi.

Armamento

L'armamento individuale e di reparto era un misto di materiale tedesco e italiano, erano presenti fucili Mauser 98k e modello 91, MG42 e Breda 30 nelle mitragliatrici leggere, MG42 e Breda 37 per le pesanti, le pistole erano italiane e tedesche. I mortai erano italiani da 81 mm e tedeschi da 80mm. Molto difficile la situazione per quanto riguarda la dotazione di cannoni e obici. I Gruppi di Artiglieria erano dotati di cannoni da 75/27, di obici da 75/13 e da 149/19 italiani; giunti in Italia i cannoni da 75/27 vennero sostituiti con gli obici da 75/18. Nelle tabelle di armamento erano presenti anche 10 pezzi da 7,5 I.G.18, 4 pezzi da 15 S.I.G.35 e 17 pezzi da 7,5 Pak 40. Nella realtà, alla data del 25 gennaio 1945, il Comandante della Divisione lamentava la presenza di un solo pezzo da 15, la mancanza dei cannoni leggeri di fanteria, rimpiazzati da 3 cannoni da 65/17 senza mezzi di puntamento, quindi inservibili, della I G.M., mentre non citava la presenza degli anticarro. Da notare che gli obici da 149/19 del III Gruppo, furono ritirati pochi giorni prima di giungere in linea, quando vennero provati ci si accorse che erano senza liquido nei freni idraulici di rinculo, dovettero trascorrere molti giorni prima di poter rendere funzionanti i pezzi. Erano in dotazione anche Panzerfaust.

Automezzi

La Divisione "Italia" fu la Divisione che più ebbe a soffrire la carenza di automezzi, solo il II Battaglione/1° Reggimento venne motorizzato, anche i quadrupedi erano largamente insufficienti.

La situazione al 25 gennaio 1945 era la seguente:

Automezzi: previsti in organico 676, effettivamente presenti 123 (deficienza 553)
Quadrupedi[3]: previsti in organico 4.104, effettivamente presenti 1.281 (deficienza 2.720)
Carrette: previste in organico 603, effettivamente presenti 142 (deficienza 461)
Al 28 febbraio la situazione dei quadrupedi era la seguente:
previsti in organico 4.684, effettivamente presenti 1.823 (deficienza 2.861)

Per i quadrupedi la situazione era grave non solo per la carenza che variò tra il 60 e il 70%, ma anche per le caratteristiche degli animali, sia i cavalli che i muli erano di piccola taglia e inadatti al traino e al someggio di carichi pesanti. Questo fatto derivava anche dalla decisione dei tedeschi che, prima del rientro della Divisione dalla Germania, si ripresero 416 cavalli da tiro per destinarli alle loro unità in formazione, confidando nel reintegro degli organici una volta giunti in Italia.

---

[3] Nei quadrupedi sono compresi anche i muli per il Gruppo someggiato che assommavano in organico a 377 ma nella realtà erano 118.

Particolarmente grave era la situazione dei trattori per il traino degli obici del III Gruppo d'Artiglieria, invece dei Breda erano stati assegnati dei vecchi Pavesi P4, assolutamente inadatti per la loro scarsa portata e per poca efficienza[4].

Gravissima poi la carenza di autocarri, su 225 in organico ne erano presenti 31, dei quali la metà inefficiente. Il numero notevole di automezzi fuori uso era motivato dalla mancanza totale delle autofficine, nessuna delle 12 previste era presente.

Caduti

Sono stati individuati 481 caduti, dei quali 19 ignoti, e 21 fucilati per diserzione o furto, tra questi 3 sono ignoti. Si tratta di Caduti sul fronte della Garfagnana e in altre zone dove i reparti della Divisione hanno operato o hanno sostato.

▲ Giuramento dei primi Bersaglieri della Divisione "Italia" in costituzione presso il campo di Heuberg (Pisanò).

---

[4] Alcune testimonianze indicano invece la presenza al fronte di trattrici Breda, è possibile che queste siano state date in dotazione poco prima del trasferimento del III Gruppo in linea.

▲ Sventola il tricolore all'ingresso del campo di addestramento di Heuberg, dove si trovava la Divisione "Italia" (Pisanò).

▼ Luglio 1944, un plotone di Bersaglieri della Divisione "Italia" nel campo di Heuberg (Pisanò).

1° REGGIMENTO BERSAGLIERI

Il 1° Reggimento Bersaglieri, giunto in Italia, venne inizialmente dislocato, a fine dicembre 1944, presso Berceto, con i reparti schierati nella zona. A metà gennaio iniziò il trasferimento del Reggimento verso la Garfagnana, attraverso la Valle del Magra, effettuato fra grandi difficoltà a causa della carenza di mezzi di trasporto e per le proibitive condizioni atmosferiche, con le strade ricoperte da metri di neve. Il Comando del Reggimento venne dislocato a Torrite, presso quello del 1° Reggimento Alpini del Colonnello Pasquali. Il 2 febbraio 1945 il 1° Reggimento Bersaglieri assunse il controllo del sottosettore di destra del Serchio (Ovest). A seguito dello sfondamento della linea difensiva, causato dell'offensiva alleata, il 1° Reggimento costituì, con i suoi reparti, un Gruppo da Combattimento che prese il nome del suo Comandante: "Gruppo Zelli Jacobuzzi". Il Gruppo venne pesantemente impegnato a San Terenzo e poi Pontremoli. Giunto presso Fornovo combatté il 28 presso Collecchio nel tentativo di attraversate il fiume Taro, quindi il 29 si arrese ai brasiliani.

Organigramma Reggimento
- Comando – Torrite
    - Comandante: Tenente Colonnello Zelli Jacobuzzi
    - Aiutante Maggiore: Capitano Garaffoni, poi il Capitano Antonio Gotti-Saraceni
    - Ufficiale Amministrazione: Tenente Michele Boccasini
    - Ufficiali: Tenente Abramo Martini, Tenente Martino Salvini, Tenente Luigi Sodano, Sottotenente Armando Cervini, Tenente Annibale Meatelli, Sottotenente Bernardino Piergiorgi, Tenente Angelo Pregliasco, Sottotenente Matteo Serini
- Compagnia Comando Reggimentale
    - Comandante: Tenente Malaspina
- 107ª Compagnia Cacciatori Carro
- I Battaglione
- II Battaglione
- III Battaglione

107ª Compagnia Cacciatori Carro

A metà gennaio iniziò il trasferimento della Compagnia verso la Garfagnana, dove giunse verso fine mese. Durante l'Operazione "Quarto Termine", partecipò con i suoi Bersaglieri ai contrattacchi per rioccupare le posizioni perdute nel settore Serchio Ovest. Il 7 febbraio, insieme ad elementi del I Battaglione del 286° Reggimento tedesco, i Bersaglieri della 107a Compagnia si lanciarono al contrattacco delle posizioni di Pian del Rio, Colle e Monte San Quirico, rioccupando numerose posizioni. Nella notte tra il 23 e il 24 febbraio, una squadra di cacciatori della 107a, al comando di un sottufficiale tedesco, distrusse con un simultaneo lancio di panzerfaust la Casa Bianca, un robusto edificio collocato di fronte alle postazioni dei granatieri tedeschi nel settore Est Serchio, dove operavano numerosi snipers americani che avevano procurato considerevoli perdite ai tedeschi. Nel ripiegamento seguì le sorti del Reggimento.

I Battaglione

Il I Battaglione, al rientro dalla Germania, venne dislocato nei pressi del bivio della Strada Statale 62 a Terenzo, con compiti di presidio del territorio. Nella seconda metà di gennaio, dopo un faticoso trasferimento effettuato a piedi lungo strade innevate, giunse nella Garfagnana. Venne destinato alla difesa del settore di Molazzana – Quota 437. Il tratto di fronte era difeso dai Marò del II Battaglione del 6° Reggimento Fanteria di Marina, che occupavano i capisaldi delle Quote 497 e 451 del Monte Faeto, Quota 437, Case Termini, Colle del Gatto e Quota 352. I Bersaglieri inizialmente non sostituirono in linea i Marò, ma si affiancarono ad essi sino al mese di marzo, quando assunsero definitivamente la difesa del settore. Particolarmente aspri furono gli scontri a Quota 437, a Monte Faeto e a Quota 352, molto vicine alle linee nemiche e continuamente bersagliate dall'artiglieria nemica e dal fuoco dei cecchini che operavano da Calomini. Da quelle quote era possibile sorvegliare i movimenti delle truppe americane verso Gallicano e Molazzana, riuscendo così ad interromperli con il fuoco dei mortai e delle artiglierie. Più volte gli americani cercarono di conquistare gli avamposti del Monte Faeto, ma vennero sempre respinti con perdite. Solo a seguito dell'ordine di ripiegamento, a metà aprile, i Bersaglieri abbandonarono i capisaldi della linea difensiva. Altri capisaldi erano collocati a Cascio, Campo e Fiattone. Ai primi di febbraio gli americani scatenarono l'Operazione "Quarto Termine". Il 3 febbraio l'avamposto di Quota 437, tenuto dai Bersaglieri della 4a Compagnia, venne investito dall'attacco portato da una Compagnia americana, attacco che venne respinto. Il 5 febbraio nuovo attacco, supportato da pesanti bombardamenti, che provocò l'arretramento del presidio, composto da Bersaglieri e Marò, su posizioni arretrate di circa 700 metri. All'alba dell'8 febbraio, con una coordinata azione condotta dai Bersaglieri del I Battaglione in unione con Marò del II Battaglione del 6° Fanteria di Marina, venne riconquistata Quota 437, che fu quindi presidiata nuovamente da un reparto misto di Bersaglieri e Marò. Ristabilita la linea difensiva verso la metà di febbraio, il 21 il I Battaglione venne inviato nelle retrovie a Piazza al Serchio, dove incorporò i resti del II Battaglione per diventare un unico Battaglione. Il 28 febbraio nuovo attacco americano a Monte Faeto, respinto con perdite dai Bersaglieri e dai Marò di presidio. Nella notte del 2 marzo i Bersaglieri diedero il cambio ai Marò del II Battaglione del 6° Battaglione Fanteria di Marina. Il 5 marzo i Marò ritornarono in linea rioccupando le posizioni lasciate da pochi giorni. Il 7 marzo un forte reparto americano compì un raid contro la postazione di Cà Broglio, costringendo, dopo un'aspra lotta, alla resa il presidio dei Bersaglieri. Nella notte del 13 iniziò la sostituzione definitiva dei Marò con i Bersaglieri del I Battaglione, sostituzione che venne completata in due notti. Il mese di marzo vide una continua attività di pattugliamento. Nella notte tra il 26 e 27 marzo, una pattuglia americana finì in un campo minato nei pressi di Villa Sala, vicino a Cascio e Gallicano, subendo pesanti perdite e venendo catturata dai Bersaglieri. Il 30 marzo i Bersaglieri di presidio sul Monte Faeto, al comando del Sottotenente Sirignani, con un'azione di sorpresa, fecero saltare un bunker che gli americani stavano costruendo a poca distanza dalle linee italiane. Il giorno di Pasqua, 1° aprile 1945, gli americani scatenarono un attacco contro le postazioni difese dai Bersaglieri del I Battaglione, schierate lungo il crinale tra Case Rio e Case Appioli, a sud di Molazzana, poco distante dagli avamposti di Quota 437 e del Colle del Gatto. Poco dopo l'inizio dell'attacco il Capitano Pozzan venne informato della conquista di Case Appioli da parte del nemico. Il Sottotenente Sirignani, presente in quel momento a Molazzana, venne autorizzato a compiere una ricognizione per verificare la situazione. Incontrato sul percorso un gruppo di Bersaglieri che si erano ritirati da Case Appioli, lo divise in due squadre e lo comandò all'attacco, cogliendo di sorpresa gli americani e riconquistando la postazione. Iniziato il ripiegamento a seguito dello sfondamento del fronte da parte degli americani, il 22 aprile il I Battaglione venne inserito nel Gruppo da Combattimento Zelli Jacobuzzi, insieme al III Battaglione ed al II Gruppo Artiglieria Leggera Ippotrainata. A seguito del combattimento di San Terenzo, il 23, dopo che alcuni suoi reparti si erano sganciati dalle postazioni di Monte de' Bianchi, riprese il ripiegamento verso Pontremoli. Raggiunta Pontremoli, il I Battaglione si dispose a difesa della cittadina. Nella mattinata del 25 respinse la richiesta di resa avanzata dai partigiani della Divisione "Cisa", poi costrinse alla ritirata alcune avanguardie corazzate americane, mantenendo il possesso della cittadina sino alle prime ore del 27 aprile, quando ripiegò verso il Passo della Cisa e si ricongiunse con il resto della Divisione. Il 28 aprile, nella zona di Collecchio, il Battaglione tentò di attraversare il Fiume Taro per attaccare le postazioni brasiliane sulla riva opposta, ma per la forte resistenza e le alte perdite, l'attacco non ebbe successo. All'alba del 29 aprile i combattimenti vennero sospesi, il I Battaglione Bersaglieri cessava di esistere.

Organigramma Battaglione
- Comandante: Capitano Rodolfo Sullini
- Ufficiali: Sottotenente Vittorio Gandolfo, Sottotenente Dentice D'accadia
- Compagnia Comando
- 1ª Compagnia
- 2ª Compagnia
- 3ª Compagnia: Capitano Pozzan. Ufficiali: Sottotenente Sirignani, Sottotenente Gossetti
- 4ª Compagnia
- 5ª Compagnia

II Battaglione

Il II Battaglione fu il primo Battaglione della "Italia" a raggiungere il fronte della Garfagnana, il 24 gennaio 1945, andando a sostituire un Battaglione del 258° Reggimento tedesco. Completamente autocarrato non ebbe difficoltà nel trasferimento, giungendo in linea in ottime condizioni. Nei primi giorni ebbe a subire alcune diserzioni ad opera di militari di origini meridionali che intendevano ritornare a casa. Il Battaglione assunse il seguente schieramento: la 6a Compagnia dal Ponte di Campia al Monte San Quirico; la 10a da Monte San Quirico a Pian del Rio; la 7a da Pian del Rio a Lama; l'8a da Lama al Monte della Stella; la 9a in riserva di Battaglione. Si trattava del settore di fronte dal greto del Fiume Serchio a Quota 906 (Est Serchio). Il 3 febbraio, nell'ambito dell'Operazione "Quarto Termine", iniziarono gli attacchi americani contro i settori Est e Ovest del Serchio. Il 5 i combattimenti coinvolsero i capisaldi a Quota 437, a Calomini e fra Pradoscello e Quota 906, intaccando la linea di resistenza fra Quota 1048 e Quota 906. A sostegno delle Compagnie coinvolte il Comando inviò la 9a e una Compagnia tedesca. Il cedimento tra Monte San Quirico ed il greto del Serchio era avvenuto nel tratto difeso dalla 6a Compagnia. La sera del 6 febbraio gli americani avevano raggiunto gli obiettivi prefissati dall'attacco: l'area Lama di Sotto - Monte della Stella – Quota 906, respingendo nel contempo numerosi contrattacchi, della forza di un plotone, e causando numerose perdite ai Bersaglieri del II Battaglione. Il 7 l'attacco americano continuò in direzione di Treppignana, ma venne bloccato da un forte concentramento di artiglieria, operato dalle batterie dei Gruppi "Bergamo" e "Mantova", della "Monterosa", e da Gruppi tedeschi, al comando del Colonnello Grossi, che provocò pesanti perdite al nemico. Due contrattacchi dei Bersaglieri contro Monte della Stella e di Lama vennero respinti dagli americani. All'alba dell'8 febbraio Bersaglieri del II e del III Battaglione, insieme a reparti tedeschi, riconquistarono le posizioni abbandonate il 5, lasciando al nemico solamente l'abitato di Battosi. Il 10 febbraio nuovo attacco americano, presso Lama e Monte della Stella un reparto di 55 Bersaglieri si arrese senza sparare, si trattava della 7a Compagnia. Il 12 febbraio i combattimenti cessarono. Il II Battaglione pagò pesantemente l'inesperienza al combattimento e l'inadeguatezza di molti Ufficiali, perdendo molti uomini e subendo molte diserzioni. Il II Battaglione quindi, decimato dalle perdite e dalle diserzioni, venne inviato il 21 febbraio nelle retrovie per essere riorganizzato a Piazza al Serchio, dove venne fuso con il I Battaglione, e il Capitano Luchesi-Palli fu sostituito dal Capitano Sullini. Solo per l'aspetto amministrativo rimasero in organico tutte e due i Battaglioni. Il II Battaglione pagò pesantemente l'inesperienza, la carenza di validi Ufficiali, l'azzardata decisione dei Comandi superiori di affidare un impegnativo tratto della linea difensiva del settore Est Serchio a truppe inesperte. Nonostante tutto però il Battaglione sostanzialmente tenne, anche se pagò con pesanti perdite lo scotto dell'inesperienza al duro conflitto.

Organigramma Battaglione
- Comandante: Capitano Lucchesi-Palli, successivamente il Capitano Rodolfo Sullini
- Ufficiali: Sottotenente Umberto Aucelluzzo
- Compagnia Comando: Tenente Maddaloni
- 6ª Compagnia: Tenente Carmelo Muciaccia
- 7ª Compagnia
- 8ª Compagnia
- 9ª Compagnia
- 10ª Compagnia

III Battaglione

Dopo un'estenuante marcia dalla provincia di Mantova a Virgoletta (MS), dove svolse azioni di protezione delle retrovie ed ebbe a subire perdite a seguito di attacchi da parte di formazioni partigiane, ai primi di febbraio 1945 il III Battaglione giunse in linea, assumendo la difesa del tratto di fronte a Nord del Monte Pania Secca, tra Le Rocchette – Quota 1068 – Quota 1031 – Quota 832 – Molazzana. Oltre alla linea di fronte sopra menzionata, erano di competenza del Battaglione anche la difesa degli avamposti avanzati di osservazione collocati a: località Le Tese, Perchia, Case Marciana, Calomini e Brucciano. I mortai furono collocati alle Rocchette, presso Case Pozza, Quota 1029 e Quota 832. Tre compagnie, l'11a, la 12a, e la 13a, vennero impiegate in linea, la 15a in riserva, il Comando a ridosso della linea.   Particolarmente importante, dal punto di vista strategico, l'osservatorio avanzato in località Le Tese, autentica spina nel fianco dello schieramento nemico, da dove si controllava una vasta zona e si impedivano i movimenti verso Vergemoli e Fornovolasco. Più volte gli americani, ed anche i partigiani, cercarono di conquistare l'avamposto, ma vennero sempre respinti con gravi perdite. Il 6 febbraio, durante i giorni dell'Operazione "Quarto Termine", un forte reparto composto da

Bersaglieri della 12a e dell'11a Compagnia al comando del Tenente Peyretti, condusse un'azione offensiva contro l'abitato di Calomini. Venuta a mancare la sorpresa, a causa della caduta di due Bersaglieri in una buca dove stavano quattro americani, si scatenò l'immediata reazione degli americani con un volume di fuoco elevato, che constrinse i Bersaglieri ad arretrare sulle posizioni di partenza con difficoltà ed alcune perdite, tra le quali quella del Tenente Peyretti. L'8 febbraio reparti del III Battaglione, insieme a quelli del II ed a elementi tedeschi, con un attacco ben coordinato riconquistarono le posizioni di Colle e Battosi, Monte San Quirico e Quota 1048, respingendo i tentativi americani di riprendere le posizioni perdute. Alla fine di febbraio il Generale Carloni visitò il Battaglione, spingendosi anche nei posti avanzati. Pochi giorni dopo il Comando Divisione emanò un Ordine del Giorno nel quale veniva confermato al comando del III Battaglione il Capitano Brunialti con il grado di Capitano i.g.s.. Nel mese di marzo il Battaglione sviluppò un'intensa attività di pattuglie nella terra di nessuno, contrastando le pattuglie nemiche. Dall'11 al 14 aprile i Bersaglieri bersagliarono, con un nutrito fuoco di mortai e di lanciagranate, le postazioni americane a Calomini, Sommacolonia e Quota 608. Iniziato il ripiegamento seguendo le indicazioni comunicate dal Comando di Divisione, sotto un costante bombardamento del nemico, il 22 aprile venne inserito nel Gruppo da Combattimento denominato "Gruppo Zelli Jacobuzzi" insieme al I Battaglione ed al II Gruppo Artiglieria Leggera Ippotrainata. Mentre si trovava nei pressi di Aulla, ricevette l'ordine di portarsi a San Terenzo e di attestarsi a presidio del paese. Nel pomeriggio del 22 gli americani scatenarono un violento bombardamento di artiglieria che semidistrusse l'abitato di San Terenzo, provocando molte vittime anche tra i civili. Nella notte tra il 22 e il 23 il III Battaglione giunse nel paese. La mattina del 23 si scatenò l'attacco americano, con aspri scontri intorno a Quota 303 e Quota 270. La lotta divampò sino alla sera, quando giunse l'ordine dal Comando di Divisione di ripiegare. Il III Battaglione venne quasi totalmente distrutto, i pochi superstiti si sganciarono e raggiunsero Pontremoli. Il sacrificio del III Battaglione aveva consentito l'ordinato ripiegamento dei reparti della Divisione lungo l'itinerario Piazza al Serchio – Aulla – Pontremoli. La sera del 23 aprile 1945 il III Battaglione Bersaglieri cessò di esistere come forza combattente.

Organigramma Battaglione
- Comandante: Maggiore Sandro Bonamici, successivamente il Capitano i.g.s. Aldo Brunialti
- Aiutante Maggiore: Tenente Dessilla
- Ufficiali: Tenente Meyer, Sottotenente Antonio Cellamaro, Sottotenente Cimmino, Sottotenente Rucco, Tenente Grasso
- Compagnia Comando: Tenente Peyretti
- 11ª Compagnia: Capitano Papini. Ufficiali: Tenente Enzo Boato, Sottotenente Walter Strata
- 12ª Compagnia: Tenente Lattanzi
- 13ª Compagnia: Tenente Gino Riacci
- 14ª Compagnia: Tenente Gasperini
- 15ª Compagnia

▲ Addestramento con l'obice leggero tedesco 7,5 cm. le IG18 (Viziano).

▼ Addestramento dei telefonisti ad Heuberg (Viziano).

▲ Fotografie relative ad una manifestazione della Divisione Bersaglieri "Italia" ad Heuberg (Viziano).

▼ Una nutrita rappresentanza della Divisione, con le bandiere di guerra dei tre Reggimenti muove con il comandante Generale Mainardi in testa (Viziano).

▲ Deposizione di una corona di alloro ad un monumento nella cittadina tedesca, alla presenza di alti ufficiali tedeschi. Al centro il Generale Mainardi (Viziano).
▼ Il comandante Generale Mainardi ispeziona i reparti che hanno preso parte alla manifestazione (Viziano).

▲ Mussolini passa in rassegna i Reggimenti della Divisione "Italia" ad Heuberg il 17 luglio 1944 (Pisanò).

▼ Le bandiere di combattimento dei Reggimenti della Divisione "Italia" durante la visita del Duce ad Heuberg (Pisanò).

▲ Un Bersagliere della Divisione "Italia" riabbraccia la madre durante una sosta della tradotta che riporta la Grande Unità in Patria nel dicembre 1944 (Pisanò).

▲ Bersaglieri alle prove di tiro antiaereo con una mitragliatrice tedesca MG42 (Pisanò).

2° REGGIMENTO BERSAGLIERI

Il 2° Reggimento Bersaglieri, giunto in Italia, venne inizialmente dislocato, a fine dicembre 1944, nella zona a Nord Ovest di Collecchio, a oriente del Fiume Taro, con i reparti schierati nella zona. I primi di gennaio 1945, il 2° Reggimento partecipò alle operazioni di rastrellamento previste dall'Operazione "Totila", schierando i suoi reparti fra Noceto, Borghetto, Santa Maria e Salsomaggiore, con il compito di protezione della Via Emilia tra Parma, Fidenza e Salsomaggiore, per evitare che i partigiani potessero fuggire in quella direzione. Il Comando del 2° Reggimento non venne mai inviato sulla linea del fronte, ma rimase schierato a nord del Passo della Cisa, seguendo le sorti della Divisione nel ripiegamento di fine aprile 1945.

Organigramma Reggimento
- Comandante: Tenente Colonnello Spitaleri, poi il Colonnello Trillini, infine il Colonnello Bartolomeo Gandini
- Aiutante Maggiore: Capitano Ruggero, Capitano Settepassi
- Ufficio 3/A: Sottotenente Ulivieri
- Ufficio 4/A: Tenente Coniglio
- Ufficio 4/B: Capitano medico Giorgio Rovida
- Ufficio 4/D: Tenente Don Sani
- UDOF: Capitano Feliciani
- Ufficiali: Sottotenente Tullio Beltramini, Sottotenente Luciano Costagli
- Compagnia Comando Reggimentale
    o Comandante: Tenente Troina
    o Ufficiali: Sottotenente Cremolini, Sottotenente Ferrara, Sottotenente Gambaro, Sottotenente Magri
- 108ª Compagnia Cacciatori Carro - Comandante: Tenente Pisorel
- I Battaglione
- II Battaglione
- III Battaglione

I Battaglione

Il 20 febbraio il I Battaglione venne dislocato a Piazza al Serchio con funzione di riserva. Ai primi di marzo venne trasferito a Vagli di Sopra. Verso la fine di marzo il Battaglione fu dislocato al completo sulle Alpi Apuane, per costituire, con il Battaglione "Intra", il fianco difensivo contro possibili infiltrazioni nemiche alle spalle delle truppe impegnate in Garfagnana. Lo schieramento difensivo dei Bersaglieri comprendeva il Monte Antona, Passo del Vestito Alto, Passo degli Uncini, con la 3a e la 4a Compagnia supportati da elementi del IV Gruppo Esplorante e da un Plotone di Pionieri. Il 12 aprile, a causa dell'avanzata americana, i Bersaglieri della 4a Compagnia ripiegarono da Monte Antona al Passo del Vestito. Un altro reparto presidiò presso il Monte Focoletta. Al Passo degli Uncini i Bersaglieri si insediarono nelle postazioni costruite dall'Organizzazione Todt agli inizi del 1944. Ai Bersaglieri vennero aggregati alcuni alpini della 13a Compagnia del Battaglione "Intra", per la conoscenza del terreno. Il 12 e il 13 aprile i mortai del I Battaglione, insieme a quelli dell'"Intra", entrarono in azione contro le linee logistiche americane nei paesi di Forno e Canevara, provocando, però, anche danni tra i civili. Il settore comprendente Passo della Tambura – Monte Tambura –

Passo della Focolaccia – Orto di Donna, venne presidiato dai Bersaglieri del I Battaglione che occuparono le posizioni preparate per la Linea Gotica 2, mai divenuta operativa. I Passi della Tambura e della Focolaccia vennero presidiati dai Bersaglieri della 1a Compagnia, cui era aggregato un Plotone della 4a. L'unico combattimento di rilievo si ebbe il 12 aprile presso Resceto, quando i Bersaglieri si scontrarono contro un distaccamento dei "Patrioti Apuani", mentre il 15 aprile una pattuglia, partita dalle postazioni tra i Passi Tambura e Focolaccia, intercettò una pattuglia nemica provocando forti perdite al nemico. Tra il 18 e 19 aprile il Battaglione ripiegò a San Donnino di Piazza al Serchio, dove, insieme alla 1a Compagnia del Battaglione "Mameli" ed al Gruppo Artiglieria "Bergamo", costituì, ottemperando agli ordini del Comando Divisione, un Gruppo da Combattimento denominato "Gruppo Ferrario" dal nome del Comandante del I Battaglione. A partire da quel momento il "Gruppo Ferrario" operò come retroguardia dei Reparti in ripiegamento, subendo numerosi bombardamenti da parte dell'artiglieria americana ed alcuni scontri con le avanguardie nemiche che incalzavano i reparti in ritirata. Il 20 aprile, squadre della 1a e della 2a Compagnia si schierarono sulle alture di Viano, insieme ai Bersaglieri della 1a Compagnia del Battaglione "Mameli", per sbarrare gli accessi alla testata della Valle del Lucido. Alle prime luci del 21 aprile iniziò l'attacco americano, con un devastante fuoco preparatorio dell'artiglieria americana, contro le posizioni difese dagli uomini del "Gruppo Ferrario". I Bersaglieri furono costretti a ripiegare da Quota 578, mentre gli americani conquistarono Quota 599. Il 22 ricominciò violento l'attacco contro quota 578, sempre preceduto da pesanti bombardamenti di artiglieria, che venne conquistata dopo un'aspra lotta. Per tentare di riconquistare la Quota, il Capitano Pavoni guidò i superstiti della sua 2a Compagnia in un disperato contrattacco, che però, causa il fuoco avversario, non potè progredire e dovette essere sospeso. Pesanti le perdite subite nella giornata dai Bersaglieri. Arrivato l'ordine di ripiegamento, i Bersaglieri del I Battaglione si diressero verso il ponte di Soliera ma, poiché il ponte era impercorribile, dovettero ripiegare verso Licciana Nardi, dove giunsero il 24 mattina, per proseguire su Villafranca Lunigiana. Nella notte tra il 24 e il 25 aprile si scatenò un violento bombardamento aereo sulla colonna in ripiegamento, che colpì la zona intorno a Pontremoli, provocando pesanti perdite. Il ripiegamento proseguì verso Fornovo, che venne raggiunta il 27. Nella mattinata del 28, i superstiti Bersaglieri del I Battaglione parteciparono all'attacco contro i brasiliani della FEB che occupavano la riva del Fiume Taro, nella zona di Collecchio, a sostegno dei Bersaglieri del I Battaglione del 1° Reggimento, conquistandone le posizioni a prezzo di pesanti perdite. Dopo questo attacco iniziarono le trattative per la resa. Il 29 aprile i Bersaglieri del I Battaglione 2° Reggimento si arresero con l'onore delle armi.

Organigramma Battaglione
- Comandante: Capitano Giuseppe Ferrario
- Aiutante Maggiore: Sottotenente Miccolis
- Ufficiali: Sottotenente Maietta, Sottotenente Gianni Nava, Sottotenente Rossi, Sottotenente Corvi, Tenente Bracciolani, Sottotenente Carlo Ferruccio Manfrini
- Compagnia Comando: Tenente Cornolti. Ufficiali: Sottotenente Gamberini
- 1ª Compagnia: Tenente Enrico Percivalli. Ufficiali: Sottotenente Brambini, Sottotenente Luciano Maini, Sottotenente Mattei, Sottotenente Mele,   Sottotenente Sardonini
- 2ª Compagnia: Tenente (poi Capitano) Vincenzo Pavoni. Ufficiali: Tenente Giorgio Goffrini,

Sottotenente Cabrini, Sottotenente Neroni
- 3ª Compagnia: Capitano Bruno Antoniola. Ufficiali: Sottotenente Elio Boattini, Sottotenente Dino Fontana, Sottotenente Terio Pelacchi
- 4ª Compagnia: Capitano Carnaroli. Ufficiali: Sottotenente Brigiotti, Sottotenente Candrini, Sottotenente Di Iorio
- 5ª Compagnia: Tenente Emanuele Giuntini. Ufficiali: Tenente Osvaldo Pellari, Sottotenente Salvatore Ingrassia, Sottotenente Raoul Tomassucci

II Battaglione

Il II Battaglione entrò in linea il 13 febbraio 1945, assumendo la difesa del settore di Molazzana. Il 23 febbraio, elementi del Plotone Pionieri e della 6a Compagnia, insieme a cacciatori della 108a Compagnia Cacciatori Carro, al comando del Capitano Fracassi, tentarono un attacco per sloggiare gli americani dalla Quota 352. Mentre giungevano sulla linea di partenza per l'attacco, si avvicinò una colonna di salmerie americane proveniente da Gallicano e diretta a Quota 352. Il Capitano Fracassi ordinò l'attacco alla colonna, che venne dispersa perdendo uomini e muli. Venne però a mancare la sorpresa, quindi fu ordinato al reparto di rientrare nelle proprie linee. Il Capitano Fracassi successivamente chiese nuovamente l'ordine di poter procedere con l'attacco, ma il Capitano Ciancio, d'accordo con il comando del Battaglione "Uccelli", negò l'autorizzazione, cosicché i Bersaglieri rientrarono alle linee alle ore 5. Nel mese di marzo continuò incessantemente, da ambo le parti, l'attività delle pattuglie, che in svariate occasioni si scontrarono nella terra di nessuno. Gli americani, con tale attività, riuscirono a far avanzare in più punti le loro postazioni avanzate, cosicchè, all'incirca da metà marzo, in molti punti le linee avanzate erano a diretto contatto di fuoco, soprattutto nel settore del II Battaglione. Iniziato il ripiegamento diretto a Pontremoli, il Battaglione giunse a Licciana Nardi nella tarda serata del 22 aprile. Alle prime ore del 23 il Capitano Ciancio, Comandante del Battaglione, concesse il riposo ai Bersaglieri, alloggiati presso la locale scuola elementare del paese. Il Capitano Ciancio non predispose un adeguato servizio di sorveglianza e di guardia, con grave negligenza, visto che si trovava in un territorio dove forte era la presenza dei partigiani. Nella mattinata, infatti, i partigiani si fecero vivi intimando un ultimatum di resa per le prime ore del pomeriggio. Poiché all'ora prefissata la resa non era avvenuta, i partigiani circondarono la scuola ed iniziarono a bombardarla, anche dall'alto. Durante una tregua, un emissario dei partigiani entrò nella scuola per parlamentare. Il Capitano Ciancio, nonostante il parere contrario dei suoi uomini, decise di arrendersi ed alzò bandiera bianca, consegnando il II Battaglione nelle mani dei partigiani che, oltre ad un considerevole numero di prigionieri, catturarono così un ingente numero di armi, compresi alcuni mortai. Poiché si stavano avvicinando al paese gli alpini del Battaglione "Intra", i partigiani chiesero ad alcuni Bersaglieri di adoperare i mortai appena catturati per contrastare con il loro fuoco l'arrivo degli alpini. La maggioranza dei Bersaglieri non aderì alla richiesta, ma alcuni del Plotone mortai accettarono, cosicchè sugli ignari alpini, che stavano scendendo il colle verso Licciana Nardi, caddero decine di granate sparate da soldati italiani che avevano ancora il gladio al bavero, granate che provocarono numerosi caduti.

Organigramma Battaglione
- Comandante: Capitano i.g.s. Ciancio
- Aiutante Maggiore: Tenente Paolo Silimbani, poi Tenente Francesco Sulliotti

- Ufficiali: Tenente Raffaele Gamboni
- Compagnia Comando: Tenente Antonio De Lucia
- 6ª Compagnia: Capitano Ogulnio Fracassi
- 7ª Compagnia
- 8ª Compagnia
- 9ª Compagnia
- 10ª Compagnia: Capitano Trillini

III Battaglione

Causa la carenza di personale, il III Battaglione venne soppresso nel settembre 1944, come risulta dalla relazione di approntamento della Divisione a firma del Colonnello i.g.s. Manardi. Successivamente venne ricostruito. Rientrato in Italia, venne dislocato nella zona di Collecchio. Non risulta mai essere stato inviato in linea, anche se un reduce ha dichiarato di essere stato a Molazzana. Non è stata trovata però alcuna documentazione riferita all'attività bellica del Battaglione. Risulta comunque che il III Battaglione rimase sempre a Nord della Cisa e alle dirette dipendenze del Comando di Divisione, con un organico, di norma, inferiore alle 300 unità.

Organigramma Battaglione
- Comandante: Capitano Faletti
- Aiutante Maggiore
- Ufficiali: Tenente Raffaele Gamboni
- Compagnia Comando
- 11ª Compagnia: Ufficiali – Sottotenente M. Tremaglia
- 12ª Compagnia
- 13ª Compagnia
- 14ª Compagnia
- 15ª Compagnia

▼ Questa serie di immagini permette di apprezzare le difficili condizioni in cui si trovarono i Bersaglieri della Divisione "Italia" nelle postazioni di fortuna approntate sul fronte della Garfagnana (Viziano).

▼ Bersaglieri della Divisione "Italia" escono da un ricovero nelle retrovie del fronte (Viziano).

▲ Approntamenti mimetici sugli elmetti (Viziano).

▼ Telefonista al lavoro in un posto di comando avanzato della Garfagnana (Viziano).

▲ Alcuni Bersaglieri addetti alle salmerie hanno appena caricato un mulo con alcune cassette di munizioni (Viziano).

▼ Addetti ad un mortaio da 81 mm si apprestano a sparare (Viziano).

4° REGGIMENTO ARTIGLIERIA

Il 4° Reggimento Artiglieria, giunto in Italia, venne inizialmente dislocato, a fine dicembre 1944, nella zona tra Collecchio ed Ozzano, con i reparti schierati nella zona. Partecipò con alcuni reparti ai rastrellamenti dell'Operazione "Totila" nella zona di Varano dei Melegari. Terminato il rastrellamento iniziò il trasferimento verso la Garfagnana, lungo l'itinerario Passo della Cisa, Pontremoli, Villafranca, Aulla, Valle del Serchio, fino a Piazza al Serchio, dove pose il Comando. Nel febbraio 1945 il Comando del 4° divenne responsabile del settore in sostituzione del 1° Reggimento Artiglieria Alpina della Div. "Monterosa" rientrato in Liguria. A seguito dell'offensiva alleata ripiegò a Fornovo dove si arrese il 29 aprile.

Organigramma Reggimento
- Comando
- Batteria Comando Reggimentale
- I Gruppo Artiglieria
- II Gruppo Ippotrainato Artiglieria
- III Gruppo Artiglieria

Comando
- Comandante: Tenente Colonnello De Martiis, poi Colonnello Carlo Fedi, infine Tenente Colonnello Giovanni Mombelli
- Ufficiali d'ordinanza: Sottotenente Battista, Tenente Succi-Cimentini
- Aiutante Maggiore: Capitano Alfonso De Pine
- Ufficiale Cappellano: Tenente Carlo Don Bacelli
- Ufficio 1/A: Capitano Antonio Rosi
- Ufficio 4/B: Tenente medico Molla
- Ufficio 4/C: Capitano veterinario Vittorio D'Ostuni
- UDOF: Capitano Franco Asperti
- Ufficiali: Tenente Adolfo Grosoli, Tenente Mansi, Tenente Giorgio Giulio Pratesi
- Interprete: Capitano Grandi
- Verbindungsoffizier: Major Frei, Hauptmann Schneider

Batteria Comando Reggimentale
- Comandante: Capitano Accarino, poi Tenente Sinigaglia
- Ufficiali: Capitano Antonio Rosi, Tenente Aloisi, Tenente Canepa, Tenente De Benedetti, Sottotenente Da Como, Sottotenente Vanini

I Gruppo Artiglieria

Il I Gruppo Artiglieria entrò in linea il 10 marzo, prendendo posizione nelle postazioni lasciate dal Gruppo "Bergamo". Occupò sia le postazioni dei pezzi delle batterie sia gli osservatori, trovandosi di fatto nella situazione ottimale di non dover predisporre nessuna postazione ex novo, visto che le aveva "ereditate" dal "Bergamo" ed erano ottimamente mimetizzate e perfettamente collegate con il Comando del Reggimento di Artiglieria e le postazioni dei reparti schierati sulla linea del fronte. Purtroppo gli artiglieri del I Gruppo non ebbero la medesima fortuna degli artiglieri alpini, venendo in più occasioni inquadrati dalle batterie nemiche, che provocarono perdite. Non si hanno ulteriori informazioni sull'attività del Gruppo.

Organigramma I Gruppo
• Comandante: Capitano Guido Rattalino
• Aiutante Maggiore: Sottotenente Paolino
• Ufficiali: Tenente Puglisi-Allegra, Sottotenente M. Ribeca, Sottotenente Curotto, Tenente Salvatore Di Mauro
• Verbindungsoffizier: O.Ltn. Schubert
• Batteria Comando Gruppo: Tenente Canepa. Ufficiali: Sottotenente Zavagli
• 1a Batteria: Tenente Priamo. Ufficiali: Tenente Mauri, Sottotenente Bruno, Sottotenente Dentice d'Accadia, Sottotenente Scarponi
• 2a Batteria: Tenente Pratesi, poi Tenente Asiano. Ufficiali: Tenente Marcantonio, Tenente Susani, Sottotenente Jovine, Sottotenente Mancusi, Sottotenente Rollone, Sottotenente Tosi
3a Batteria: Tenente Scarponi. Ufficiali: Sottotenente Airaghi, Sottotenente Rosaspina.

II Gruppo Ippotrainato Artiglieria

Il II Gruppo Ippotrainato giunse a metà febbraio in Garfagnana, sostituendo in linea il Gruppo "Mantova" della Div. "Monterosa", sistemandosi a Piazza al Serchio, con osservatori in prima linea, da dove si poteva controllare il movimento del nemico a Barga, Castelvecchio, la Valle del Serchio. Iniziato il ripiegamento, il 22 aprile entrò a far parte del Gruppo da Combattimento denominato "Gruppo Zelli Jacobuzzi", dal nome del Comandante del 1° Reggimento che ne aveva il comando. Dopo aver preso parte ai combattimenti di San Terenzo, ripiegò su Soliera. Mentre stava attraversando il ponte, il II Gruppo subì un pesante bombardamento che lo falcidiò. La sera del 24, presso il casello ferroviario di Pontremoli, subì un nuovo bombardamento aereo che provocò altre perdite in uomini e materiali. Riuscito a superare il Passo della Cisa, giunse a Fornovo, dove si arrese il 29 aprile con l'onore delle armi.

Organigramma II Gruppo
• Comandante: Tenente Colonnello Tarchi, poi Capitano Lugli, infine Capitano Volpari-Luccasetti
• Aiutante Maggiore: Tenente Speroni
• Ufficiali: Tenente Virgili, Sottotenente Dentice d'Accadia, Sottotenente Cito, Sottotenente Tessini, Sottotenente medico Di Marco, Sottotenente medico Ficocelli, Sottotenente veterinario Pavanini
• Batteria Comando Gruppo: Tenente Feroldi. Ufficiali: Sottotenente Rinaldi
• 4a Batteria: Tenente De Casa. Ufficiali: Sottotenente Battista, Sottotenente Colbertaldo, Sottotenente Cataldo, Sottotenente Enzo Pucci
• 5a Batteria: Tenente Fabro, poi Capitano Ferrara. Ufficiali: Sottotenente Bianconi, Sottotenente Crocchi, Sottotenente M. Freda
• 6a Batteria: Capitano Moreschi, poi Sottotenente Voce, infine Tenente De Fanis. Ufficiali: Sottotenente Aloisi, Sottotenente Via, Sottotenente Voce

III Gruppo Artiglieria

Il III Gruppo Artiglieria giunse in linea nel mese di marzo. A causa della mancanza della glicerina nei freni delle bocche da fuoco, i pezzi non poterono effettuare azioni di fuoco sino ai primi giorni di aprile. Quando i pezzi furono in grado di poter effettuare azioni di fuoco, dopo pochi giorni arrivò l'ordine di ripiegamento. Venne quindi dato l'ordine di sparare tutti i proiettili disponibili e poi di fare saltare i pezzi ed i trattori, rimasti nel frattempo senza carburante. In una sola notte vennero sparati circa 6.000 colpi da 149, un volume di fuoco che non si era mai visto da parte delle forze italo-tedesche da tempo immemore, era il 15 aprile 1945. Dopo aver fatto saltare i pezzi ed i trattori, gli artiglieri del III Gruppo ripiegarono, ricongiungendosi con gli altri reparti della Divisione.

Organigramma III Gruppo
- Comandante: Maggiore Albrizio, poi Capitano Lodovico Betti
- Aiutante Maggiore: Sottotenente Enrico Torresi
- Ufficiali: Sottotenente Savio, Tenente Selvaggi, Tenente Sabbia
- Batteria Comando Gruppo: Tenente Alfredo Speroni. Ufficiali: Sottotenente Vanin
- 7a Batteria: Capitano Onorati. Ufficiali: Sottotenente Venanzio Majo
- 8a Batteria: Sottotenente Placido Santonocito
- 9a Batteria: Sottotenente Paolo Schilleci. Ufficiali: Sottotenente Marcello Ribeca, Sottotenente Mario Naccarato

▲ Intenso ritratto di un ufficiale dei Bersaglieri della Divisione "Italia" ripreso al fronte. (Viziano).

▲ Due Bersaglieri si accingono a partire per un'azione di fuoco, carici di munizioni per mitragliatrice (Viziano).

▲ Bersagliere appostato in un cascinale armato Panzerfaust e bombe Breda (Viziano).

▼ Dall'interno di un'abitazione di un villaggio della Garfagnana si osservano i movimenti del nemico (Viziano).

IV GRUPPO ESPLORANTE DIVISIONALE

Il IV Gruppo Esplorante, giunto in Italia, venne inizialmente dislocato, a fine dicembre 1944, a Sala Baganza. A metà gennaio iniziò il trasferimento verso la Garfagnana. A seguito dell'attacco americano contro le posizioni del II Battaglione dei primi di febbraio, nella notte tra il 5 e il 6 venne dislocato a Castelnuovo Garfagnana. Nella notte del 20 febbraio il IV Gruppo Esplorante entrò in linea tra la Quota 437 e la dorsale di Riana, dove si schierò il 3° Squadrone. Il Gruppo Esplorante sostituì in linea i superstiti reparti del II Battaglione inviati nelle retrovie per essere riorganizzati. A metà marzo gli americani scatenarono nuovi attacchi, impegnando pesantemente i reparti tedeschi a sinistra del Serchio. Nell'occasione più volte intervennero, a sostegno dei tedeschi, i Bersaglieri del IV Gruppo Esplorante, sempre con azioni vivaci, distinguendosi per la combattività. L'8 aprile, durante un'esplorazione per concordare un'azione contro una postazione nemica, morì, a causa dello scoppio di una mina a strappo, il Capitano Jentile, comandante del Gruppo. I superstiti del IV Gruppo Esplorante ripiegarono con gli altri reparti della Divisione su Fornovo, dove si arresero il 29 aprile 1945.

Organigramma Gruppo Esplorante
- Comandante: Capitano Salvatore Jentile, poi Capitano Montenegro, infine Capitano Massobrio
- Aiutante Maggiore: Maresciallo Di Natale
- Ufficiali: Tenente Di Teodoro, Tenente Aldo Branduani
- Squadrone Comando: Sottotenente Bertozzi
- 1° Squadrone leggero: Ufficiali: Sottotenente Antonino Gallo
- 2° Squadrone leggero
- 3° Squadrone pesante: Capitano Montenegro. Ufficiali: Sottotenente Gino De Poto

REPARTI DIVISIONALI

Battaglione Pionieri

Dal 19 dicembre 1944, una Compagnia del Battaglione giunse in Garfagnana, in tempo per partecipare all'offensiva Wintergewitter del Natale 1944, con un Plotone aggregato di rinforzo al 3° Squadrone del Gruppo Esplorante "Cadelo" della "Monterosa", mentre il resto del Battaglione era impiegato come riserva di settore. A metà gennaio iniziò il trasferimento dei restanti reparti del Battaglione verso la Garfagnana, attraverso la Valle del Magra, effettuato fra grandi difficoltà a causa della carenza di mezzi di trasporto e per le proibitive condizioni atmosferiche, con le strade ricoperte da metri di neve. Il 15 aprile una Compagnia passò le linee e si consegnò agli Alleati, seguita, il 20, dal Comando del Battaglione, con il suo Comandante, che, invece di ripiegare come da ordini ricevuti, rimase in zona abbandonando Camporgiano. Si può quindi affermare che il Battaglione Pionieri, di fatto, si sia sciolto il 20 aprile 1945.

Organigramma Battaglione
- Comandante: Maggiore Mario Bin
- Ufficiali: Sottotenente Guido Gastaldon, Sottotenente Fernando Evangelisti, Sottotenente Fiorenzo Gavacciuto, Sottotenente Alberto Bertelli, Tenente Francesco Lele, Tenente Renzo

Piatti, Tenente Baldasserini
- Compagnia Comando: Capitano Ranieri, Capitano Casetti, Tenente Tacconi
- 1a Compagnia: Capitano Bina. Ufficiali: Tenente Bertucelli, Tenente Maccullia
- 2a Compagnia: Tenente Meatelli
- 3a Compagnia
- Colonna Leggera: Tenente Guido Castria

Battaglione Collegamenti

Il Battaglione Collegamenti iniziò il trasferimento verso la Garfagnana a metà gennaio, trasferimento reso difficoltoso a causa della carenza di mezzi di trasporto e per le proibitive condizioni atmosferiche. Giunto in linea predispose i collegamenti tra i vari reparti e i Comandi, utilizzando in parte le linee precedentemente rese operative dai reparti che i Bersaglieri dell'"Italia" andavano a sostituire. Non si hanno a disposizione informazioni particolareggiate sulla operatività del Battaglione.

Organigramma Battaglione
- Comandante: Tenente Colonnello Ettore Lorenzetti
- Ufficiali: Tenente Grandinetti, Sottotenente medico Vincenzo Parisi
- Compagnia Comando: Tenente Paolo Pugliesi-Allegra
- 1a Compagnia Telefonisti: Sottotenente Michele Panetta
- 2a Compagnia Radio: Tenente Giovanni Grandinetti
- 3a Compagnia Telegrafisti

Battaglione Trasporti

Il Battaglione Trasporti, giunto in Italia, venne dislocato tra Felino e Sala Baganza. Non si hanno a disposizione informazioni particolareggiate sulla operatività del Battaglione, anche se è presumibile che abbia svolto la sua attività di trasporto di uomini e materiali sulla linea del fronte partendo dalle basi e dai magazzini dislocati a nord della Cisa. Senza dubbio, proprio per la sua attività di trasporto tramite convogli, fu uno dei reparti che maggiormente ebbe a subire le imboscate da parte delle forze partigiane presenti nella zona, oltre a numerosi bombardamenti aerei alleati.

Organigramma Battaglione
- Comandante: Capitano Giuseppe Becchio
- Ufficiali: Tenente Giovanni Grandinetti, Capitano Bonaventura Bonini
- Compagnia Comando
- 1a Colonna ippopesante
- 2a Colonna Ippopesante: Tenente Andrea Semeria
- 3a Colonna Ippopesante
- 4a Colonna
- 5a Colonna

Compagnia Controcarro Divisionale

Organigramma Compagnia Controcarro Divisionale
Comandante: Tenente Mario Valchi, poi Capitano Boccasavia

Reparto Sanità

Formato dalle due Compagnie Sanità in organico, la 104a e la 4a, venne destinato, al suo rientro in Italia, al presidio degli Ospedali da campo e Divisionale, oltre che delle infermerie impiantate nelle immediate retrovie del fronte. Suo personale venne distaccato a Berceto, dove venne dislocato l'ospedale divisionale arretrato. I Nuclei medici della Divisione sostituirono i loro omologhi della Divisione "Monterosa", mantenendo gli stessi Ospedali già operativi, compreso quello di Nicciano.

Organigramma Compagnie Sanità
• Comandante 104a Compagnia: Capitano Denti, Capitano A. De Marchi, Capitano medico Maffei, Tenente medico Lucetti, Capitano medico Checcucci, Sottotenente medico Giorgio Ambrosi
• Comandante 4a Compagnia: Capitano A. De Marchi, Capitano Tullio Quaranta, Tenente Rodriguez. Ufficiali: Tenente Nino Pezza, Tenente Antonini, Tenente Pilotti, Tenente Rodigni, Tenente Vailati, Sottotenente Valtorta

Intendenza

I Reparti dell'Intendenza, giunti in Italia, vennero dislocati tra Felino e Sala Baganza. Non si hanno a disposizione informazioni particolareggiate sulla operatività del Battaglione.

Organigramma Battaglione
• Comandante
• 4a Compagnia Amministrazione:
• 4a Compagnia Panettieri: Capitano A. Gianni; Ufficiali – Sottotenente S. Trapani
• 4a Compagnia Macellai: Tenente A. Pellegrino
• 4a Compagnia Veterinaria: Tenente Remo Faustini. Ufficiali: Tenente Petralia, Sottotenente Francioni, Sottotenente Italo Castellucci
• 4a Compagnia Officina: Tenente Guido Rella
• 4a Compagnia Sussistenza: Capitano Alfonso Broccoli

▲ Due corrispondenti di guerra appartenenti alla Compagnia Operativa di Propaganda in visita a reparti della Divisione "Italia" nella zona delle Panie (Viziano).

▼ Bersaglieri del III Battaglione del 1° Reggimento in una postazione dell'avamposto situato in località Le Tese. Notare la perfetta mimetizzazione dei pochi alberi presenti che rendeva difficile l'identificazione da parte del nemico (Viziano).

▲ Un momento dell'ispezione del Duce ai reparti della Divisione "Italia" nel gennaio 1945 (Pisanò).

▼ Mussolini esce dalla sede del Comando della Divisione "Italia" e si avvia a passare in rassegna un reparto di Bersaglieri (Archivio Storico Fotografico Associazione Monterosa).

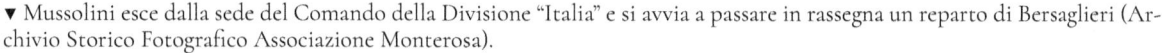

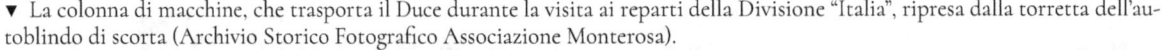

▲ La colonna di auto che trasporta Mussolini ripresa alla partenza da una sede della Divisione, sul fondo si vede un'autoblinda AB43 della scorta tedesca. Intorno all'auto del Duce si affollano alcuni entusiasti Bersaglieri (Archivio Storico Fotografico Associazione Monterosa).

▼ La colonna di macchine, che trasporta il Duce durante la visita ai reparti della Divisione "Italia", ripresa dalla torretta dell'autoblindo di scorta (Archivio Storico Fotografico Associazione Monterosa).

▲ Accompagnato dal Generale Manardi, e da Alti Ufficiali della Divisione, il Duce passa in rassegna, e arringa, un reparto di bersaglieri schierato in un bosco (Viziano)..

▼ Pattuglia di Bersaglieri della "Italia" in Garfagnana (Pisanò)

▲ Bel primo piano di un Bersagliere mentre monta la guardia. Il giovane militare indossa dei semplici teli bianchi per coprire la scura uniforme grigioverde, che spiccherebbe eccessivamente tra il candore della neve (Pisanò).

▲ Una pattuglia di Bersaglieri trasporta munizioni e generi di prima necessità in prima linea (Viziano).

▼ Bersaglieri della Divisione "Italia" addetti ad un obice tedesco IG18 da 75/10 (Viziano).

▲ Bersaglieri addetti ai rifornimenti controllano le cassette di munizioni (Viziano).

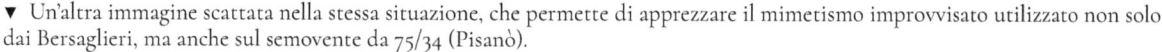

▲ I Bersaglieri si trovano vicini ad un semovente di produzione italiana, utilizzato da militari tedeschi. Anche il mezzo corazzato è stato frettolosamente mimetizzato con lenzuola e teli bianchi (Pisanò)

▼ Un'altra immagine scattata nella stessa situazione, che permette di apprezzare il mimetismo improvvisato utilizzato non solo dai Bersaglieri, ma anche sul semovente da 75/34 (Pisanò).

▲ Bersaglieri mitraglieri della Divisione "Italia" in Garfagnana in azione negli ultimi periodi di guerra: sono armati con un fucile mitragliatore Breda (Pisanò)

▼ Fotografie scattate da un operatore della Compagnia Operativa di Propaganda ad una squadra di Bersaglieri nelle immediate retrovie del fronte della Garfagnana (Viziano)

▲ Un Bersagliere della pattuglia scruta dall'alto di una pianta l'orizzonte (Viziano).

▼ La pattuglia in marcia (Viziano)

▲ Bersagliere armato con Sten, probabilmente razziato da un aviolancio alleato destinato ai partigiani, e con un portacaricatori di tipo fuori ordinanza, realizzato in tela (Viziano).

2ª DIVISIONE GRANATIERI "LITTORIO"

La Divisione Granatieri "Littorio"[5] venne costituita ufficialmente il 7 aprile 1944 in Germania nel campo di addestramento di Sennelager, nella Westfalia, con coscritti e volontari provenienti dal Centro Costituzione Grandi Unità, con ex internati dei campi di concentramento tedeschi e con militari che l'8 settembre avevano rifiutato l'Armistizio, continuando a combattere con i tedeschi. La Divisione era costituita dal 3° Reggimento Granatieri e dal 2° Reggimento Artiglieria destinati al campo di Nordlager e dal 4° Reggimento Granatieri destinato a Sennelager. Iniziò un periodo di duro addestramento, condotto da istruttori tedeschi che permise, in pochi mesi, di costruire una perfetta macchina da guerra. È da sottolineare che, anche i veterani, dovettero praticamente iniziare da zero, tale era il livello addestrativo tedesco rispetto alla pochezza di quello del Regio Esercito cui erano stati sottoposti. Nel giugno arrivò dall'Italia un contingente numeroso di soldati appartenenti al disciolto 5° Reggimento Alpini, la loro destinazione fu il 4° Reggimento Granatieri ma, quando venne loro imposto di togliersi il cappello alpino, questi si rifiutarono con fermezza, la conclusione a cui si pervenne ha dell'incredibile, non solo rimasero Alpini, ma fu il Reggimento che cambiò Arma: da 4° Reggimento Granatieri a 4° Reggimento Alpini. Il 19 luglio la Divisione schierata venne visitata dal Duce e dal Maresciallo Graziani, i soldati rinfrancati dal discorso di Mussolini ripresero l'addestramento nella certezza di poter presto rientrare in Italia. Il 20 luglio avvenne l'attentato a Hitler e, dal 23, tutta la Divisione venne disarmata, tranne gli ufficiali che mantennero l'armamento individuale. Alla Divisione pervenne l'ordine di abbandonare il lager di Sennelager e trasferirsi presso la stazione di Paderborn. Da qui i soldati vennero trasportati a Bielefeld e a Detmold, dove furono, in parte, utilizzati per lo sgombero delle macerie dei bombardamenti, nelle cittadine e paesi limitrofi al campo, in parte come muratori, carpentieri, contadini. Le cause principali di questo grave atto erano due: la necessità di recuperare le armi da consegnare ai nuovi reparti tedeschi, secondariamente la volontà dei tedeschi di sciogliere la Divisione e trasferire i soldati italiani nella Flak, oltre alla diffidenza dei tedeschi, maggiormente accentuata dopo l'attentato a Hitler, verso tutti i soldati stranieri alle loro dipendenze. La situazione venne risolta con l'intervento diretto del Duce che ordinò il trasferimento di alcune migliaia di altri soldati in Germania, per essere incorporati nella Flak, permettendo così che la "Littorio" potesse terminare l'addestramento e rientrare in Italia. Ai primi di agosto finalmente i reparti vennero nuovamente inviati nei campi a completare l'addestramento, anche se inizialmente i tedeschi non riconsegnarono le armi, cosicché si dovettero utilizzare bastoni e fucili di legno per simulare l'armamento. Solo dopo alcune settimane venne riconsegnato l'equipaggiamento completo a tutta la Divisione. Nel frattempo, il 4° Reggimento Alpini, era stato inviato a Munsingen per completare l'addestramento. Di fatto i reparti della "Littorio" vennero addestrati due volte! Il 1° ottobre venne consegnata la bandiera da combattimento ed iniziarono i preparativi per il rientro. Preceduta dai Furicri di

---

[5] La Divisione "Littorio" viene indicata come formata da Granatieri, ma la denominazione trae origine dalla terminologia in uso nell'Esercito tedesco, che indicava come granatieri i fanti, La "Littorio", quindi, era a tutti gli effetti una Divisione di Fanteria e di Alpini e non di granatieri come nell'uso terminologico viene indicato nell'Esercito italiano.

alloggiamento, il 1° novembre, la Divisione iniziò il lungo trasferimento, ostacolato da pesanti bombardamenti sulla linea del Brennero, seguendo il percorso: Munsingen, Seltingen, Ulm, Augusta, Kuffstein, Kirchbich, Insbruck, Brennero, Fortezza, Bolzano, Mezzocorona, Trento, Rovereto, Verona, Nogara, Gazzo Bigarello, Mantova, Cremona, Milano. Partendo da Milano la Divisione "Littorio", dopo aver corso il rischio di essere impiegata nella zona dell'Oltrepò Pavese e dietro l'Appennino piacentino-parmense per la lotta alle formazioni partigiane, venne inviata sul fronte Occidentale, al confine con la Francia, alle dipendenze tattiche del LXXV Corpo d'Armata del Generale Schlemmer. Non operò in modo unitario, ma venne smembrata, con i Reparti divisi tra il Piemonte e la Valle d'Aosta, dove rimase in linea sino alla fine del conflitto. I Reparti diretti verso la zona operativa di Cuneo seguirono il percorso: Milano, Pavia, Corte Olona, Pieve Morone (dove venne attraversato il Po su un ponte di barche), Castel S. Giovanni, Stradella, Voghera, Tortona, Alessandria, Asti, Cuneo, quindi nelle vallate di destinazione, viaggio effettuato parte a piedi e parte in treno. I Reparti diretti nella Valle d'Aosta proseguirono da Milano verso Ivrea, Aosta, La Thuile, anche in questo caso parte a piedi e parte in treno. I Reparti diretti nella zona di Cuneo giunsero in linea tra il 10 e il 17 novembre, quelli destinati in Valle d'Aosta a fine novembre, causa le forti precipitazioni che avevano rallentato il trasferimento. La Divisione si sciolse a Cuneo il 27 aprile 1945, su ordine del Comandante Generale Agosti, ma il 4° Reggimento Alpini cessò di esistere solo il 4 maggio, mentre alcuni reparti della Divisione si aggregarono alle colonne in ritirata da Cuneo e giunsero nella Zona franca di Strambino Romano, dove si arresero agli americani il 5 maggio.

Organigramma Divisionale
• Comando: comandante: Generale Tito Agosti

3° Reggimento Granatieri "Littorio"
• Compagnia Comando Reggimentale
• Colonna Leggera
• I Battaglione Granatieri
• II Battaglione Granatieri
• III Battaglione Granatieri
• 103a Compagnia Cacciatori Carro

4° Reggimento Alpini
• Compagnia Comando Reggimentale
• Colonna Leggera Battaglione Alpini "Varese"
• Battaglione Alpini "Bergamo"
• Battaglione Alpini "Edolo"
• 104a Compagnia Cacciatori Carro

2° Reggimento Artiglieria "Littorio"
• Batteria Comando Reggimentale
• Colonna Leggera
• I Gruppo da Montagna "Gran Sasso"
• II Gruppo da Montagna "Romagna"

- III Gruppo da Montagna "Verona"
- IV Gruppo da Campagna
- Batteria Anticarro

Reparti Divisionali
- II Battaglione Pionieri
- II Battaglione Esplorante
- II Battaglione Collegamenti
- II Battaglione Trasporti (5 colonne trasporti - 1 magazzino)
- CII Battaglione Complementi
- 2a Compagnia Anticarro Divisionale
- Reparto Sanità
    - 2a Compagnia Sanità
    - II Nucleo Chirurgico
    - II Plotone Ambulanze
    - 102a Compagnia Sanità al Sanatorio di Confreria (CN)
- Reparto Intendenza su 6 compagnie:
    - Amministrazione
    - Panettieri
    - Veterinaria
    - Officina
    - Sussistenza
    - Macellai
- 2a Sezione Mobile GNR
- Tribunale e Carcere Militare
- Deposito Divisionale
- Scuola Militare di alpinismo e sci
- Centro Raccolta Truppe Alpine
- Centro Addestramento Reparti Complementi
- Corso Allievi Ufficiali Divisionale
- Comando Tappa
- Banda Musicale

Zona di Impiego
Rientrata in Italia nel novembre 1944, la Divisione venne inizialmente accentrata nell'Oltrepò Pavese, per essere successivamente dislocata alla frontiera con la Francia. La necessità impellente di portarla al fronte impose il suo smembramento e la destinazione su due diversi settori del fronte. Il 4° Reggimento "Alpini" venne destinato in Valle d'Aosta e nella Val Susa, il 3° Reggimento "Granatieri" a sud della Val Susa nella zona del Cuneese, il 2° Reggimento Artiglieria non venne invece impiegato unito ma diviso, con i suoi Gruppi dislocati a supporto dei reparti dei due reggimenti.

Organico della Divisione
18.500 ufficiali, sottufficiali, graduati e truppa: questa è la cifra che viene sempre indicata

nelle diverse pubblicazioni, anche se esistono alcune palesi contraddizioni. Infatti, altre fonti citano, alla data del giugno 1944, un organico di 17.204 militari tra ex I.M.I. (3.500) ed affluiti dall'Italia (13.704). La situazione riferita al 18 agosto 1944 indica invece: 624 ufficiali, 2.196 sottufficiali, 12.110 militari di truppa, per un totale di 14.930, ai quali occorre aggiungere 534 militari segnalati come deficienze, per un totale della Grande Unità di 15.464 uomini.

Armamento

L'armamento individuale e di reparto era tedesco, fucili Mauser 98k, MG 42, leggere e pesanti, le pistole erano italiane e tedesche. Gli obici da 75/13, 75/18, 100/17 e 149/19 erano italiani, i cannoni controcarro Pak40 da 75/43, tedeschi. La 5a Batteria del II Gr. Artiglieria "Romagna" utilizzò obici da 75/21 tedeschi.

Automezzi

In un rapporto compilato dal Generale Agosti, ed inviato al Maresciallo Graziani, datato 17 dicembre 1944, risulta una deficienza notevole per quanto riguarda sia gli automezzi che i quadrupedi. A quella data la situazione era la seguente: autovetture presenti 64, previste 197; 70 autocarri invece dei previsti 344; 15 motocicli invece di 241; 10 trattori invece di 84. Per i quadrupedi la relazione indicava 2.301 cavalli presenti mentre l'organico ne indicava 5.136. Il Generale Agosti sollecitava, in considerazione dello schieramento nella Valle d'Aosta, l'arrivo di muli al posto dei cavalli mancanti. Nella Valle d'Aosta furono utilizzati anche dei Militi del Lavoro per le colonne di rifornimento in alta montagna.

Caduti della 2a Divisione "Littorio"

I Caduti accertati dei reparti della Divisione "Littorio" schierati nella Valle d'Aosta, secondo una fonte, assommano a 90 militari tra i quali tre ufficiali, mentre i Caduti accertati della Divisione nel settore operativo della Provincia di Cuneo, assommano a 113. Il numero è però largamente incompleto.

Prigionieri

Furono circa 90 i prigionieri del 4° Reggimento Alpini caduti in mano dei francesi, il cui comportamento non si può affermare sia stato molto consono alla Convenzione di Ginevra, pestaggi, umiliazione, finte fucilazioni, fame, tutto allo scopo di spingere i prigionieri ad optare per l'arruolamento nella Legione Straniera. Furono circa la metà coloro che aderirono, finendo in Indocina da dove nessuno tornò. Gli altri vennero utilizzati ai lavori forzati, in condizioni disumane, anche se alcuni ebbero la fortuna di trovare, da parte di alcuni dei "datori di lavoro", un minimo di solidarietà.

3° REGGIMENTO GRANATIERI

Costituito nel campo di Nordlager, nel novembre 1944 iniziò il rientro in Italia giungendo in Piemonte, dove venne schierato nelle vallate alpine della Provincia di Cuneo a difesa dei Passi e Colli alpini dalle possibili offensive francesi. Dalla fine di novembre fino al mese di aprile 1945 rimase con i suoi Reparti saldamente attestato sulle posizioni iniziali, solo a seguito dell'ordine di ripiegamento ordinato dal Comando di Divisione, ripiegò su Cuneo dove si sciolse il 27 aprile '45. Primo comandante fu il Tenente Colonnello Bruno Bianchi, poi il Tenente Colonnello Virgilio Brighenti.

I Battaglione Granatieri

Venne schierato a difesa della linea "Virgil", linea di creste che andava dal Colle del Ferro (escluso), al Puriac, al Ventasuso, al Passo della Maddalena, fino al Bec du Lievre, dove iniziava il presidio del Battaglione "Bassano" della Divisione "Monterosa", dando il cambio ad un Battaglione della 5a Divisione tedesca. A sud il I Battaglione si collegava con i Reparti del II Battaglione Granatieri della Divisione "Littorio" schierati al Col del Ferro. La zona di operazioni della Maddalena si estendeva con alcune propaggini sino a Larche e Meyronnes, nella Valle dell'Ubaye e del torrente Ubayette, in territorio francese. In territorio francese vennero utilizzate alla rovescia le postazioni della Maginot, occupando i fortini di La Roche la Croix, Bunker 3 per i Granatieri, di Meyronnes, Bunker 1, e di St. Ours (Bas e Haut), Bunker 2 e 4, oltre a costituire avamposti a Larche e una base logistica a Grange de Gascon. Occorre ricordare che i bunker del sistema difensivo francese della Maginot erano stati in gran parte smantellati, inoltre tante opere erano solo parzialmente utilizzabili dai militari italiani anche come accasermamento. Il presidio dei bunker era affidato ai Granatieri della 3a Compagnia, con un organico di circa 100 militari: circa 20/25 uomini al Bunker 3, 20/25 al Bunker 2, 20/25 al Bunker 4, 10/15 al Bunker 1. Alla difesa contribuirono anche gruppi di tedeschi, ma la loro consistenza non è nota, anche se dalle testimonianze pare fossero poche decine di militari[6]. La preoccupazione maggiore del Maggiore Gigliotti però, non era la difesa del Colle della Maddalena, bensì il rischio di infiltrazioni francesi provenienti dal Passo del Puriac, che avrebbero potuto aggirare le difese del Colle della Maddalena e dell'Argentera. Per fronteggiare questo rischio, il Maggiore Gigliotti, schierò un plotone rinforzato al Passo del Puriac, mentre all'Anderplan dislocò un plotone mitraglieri e un plotone mortai da 81. Con l'arrivo della bella stagione era intenzione del Comandante del Battaglione rinforzare ulteriormente le difese in quota. Il primo scontro con le truppe francesi si ebbe il 18 dicembre, quando si scontrarono due pattuglie nei dintorni del forte di Roche la Croix. L'inverno trascorse senza particolari scontri, a parte i sempre frequenti scontri fra le pattuglie che percorrevano la terra di nessuno in cerca di informazioni e di prigionieri da catturare, anche a causa delle abbondanti precipitazioni nevose che, tra l'altro, resero particolarmente difficoltosi anche i rifornimenti in linea. Durante il periodo invernale la gran parte delle truppe era accantonata a valle, in linea erano presenti a rotazione i vari plotoni, questo non vale per la 3a Compagnia, destinata al presidio delle postazioni in territorio francese. L'unico scontro di maggiore intensità si ebbe tra il 14 e 15 febbraio quando una ventina di granatieri, in servizio presso il

---

[6] Una delle gravi carenze che si vennero ad evidenziare, durante gli attacchi francesi dell'aprile 1945, fu proprio la mancanza di collegamento e di informazioni con l'alleato tedesco, tanto che gli ufficiali italiani sul terreno non erano a conoscenza della presenza, e della consistenza, dei reparti tedeschi schierati al loro fianco nella difesa.

Bunker 3 di Roche la Croix, disertarono, lasciando in difesa della postazione quattro artiglieri della 5a Batteria che, reagendo prontamente al tentativo delle truppe francesi, evidentemente rese edotte dai disertori della situazione in essere, di occupare il bunker respinsero l'attacco provocando perdite e la sospensione dell'attacco. Il 22 aprile 1945, i francesi iniziarono l'offensiva con forze di gran lunga superiori a quelle schierate sulle posizioni difensive, dopo violenti scontri, durati in alcuni casi oltre 10 ore, nel pomeriggio, dopo la perdita dei Bunker 1, 2 e 3, la resistenza dei reparti del I Battaglione rimase solo al Bunker 4. La notte, a seguito dell'ordine di ripiegamento pervenuto dal Comando, i superstiti del Bunker 4 riuscirono a raggiungere il Colle della Maddalena. Il 25 aprile, in esecuzione al piano "Georges" che prevedeva l'abbandono delle posizioni alle ore 21 dello stesso giorno, il I Battaglione abbandonò la zona del Colle della Maddalena per ripiegare verso Borgo San Dalmazzo, dove si sciolse il 27 aprile. Nella mattinata del 26, i francesi del 24e Bataillon Chasseurs Alpins, dopo una violenta preparazione di artiglieria, partirono all'attacco delle fortificazioni del Colle di Larche, già abbandonate nella notte precedente dai Granatieri del I Battaglione senza destare sospetti, ma, a causa del maltempo, dei campi minati e delle estese interruzioni stradali, solamente una pattuglia esplorante riuscì a raggiungere Pietraporzio la sera.

Organigramma Battaglione
- Comando (dislocato a Bersezio - Comandante: Maggiore Manlio Gigliotti)
- Compagnia Comando: Tenente Serra
- 1a Compagnia
- 2a Compagnia
- 3a Compagnia
- 4a Compagnia
- 5a Compagnia

II Battaglione Granatieri
Venne schierato a difesa dei Passi e dei Colli della Valle Stura, dal Colle della Merciera alla Cima Las Blancias, collegandosi con i Reparti del I e del III Battaglione, che erano schierati nella Valle Argentera e verso il Tenda, con il compito di coprire il fianco della strada statale del Colle della Maddalena. Il mese di dicembre fu abbastanza tranquillo, interrotto solamente da azioni di disturbo delle artiglierie francesi. Nel gennaio '45 le truppe francesi sferrarono violenti attacchi contro le posizioni difensive dei granatieri, con l'obiettivo di conquistare i fortini n° 8, 9 e 10. L'attacco ebbe inizialmente fortuna, in quanto le truppe francesi riuscirono ad inserirsi nel sistema difensivo, ma il rapido intervento dei mortai e delle artiglierie di supporto, oltre ad una serie di contrattacchi, respinse gli attaccanti provocando loro numerose perdite. Il 15 gennaio i francesi tentarono un nuovo attacco contro le postazioni del II, venendo però nuovamente respinte dopo aspri combattimenti e pesanti perdite da ambo le parti. Dopo la metà del mese di aprile, il Battaglione venne nuovamente sottoposto a pesanti attacchi e a numerosissimi bombardamenti di artiglieria, anche su Bagni di Vinadio, che provocarono purtroppo perdite tra i civili. Nel corso di tali attacchi venne perduto il fortino n. 10, perdita che comunque non compromise la linea difensiva, che venne tenuta sino al ripiegamento. Nella notte tra il 19 e il 20 aprile, reparti appartenenti al 21/XV B.V.E.[7] attaccarono le postazioni del

---

[7] Il 21/XV B.V.E. era un Battaglione di volontari stranieri, arruolati dopo la liberazione del sud della Francia, ed inserito tra le formazioni del Groupament Alpin Sud operante nelle Alpi Marittime. Era composta al 90% da volontari italiani: ex militari

Passo di Barbacana, occupando alcune postazioni avanzate difese dai granatieri. Non appena si fece giorno, l'attacco venne bloccato dal fuoco proveniente dalla casermetta posta sul versante italiano e dalle mitragliatrici pesanti del forte della Cima di Collalonga, oltre che dalla reazione delle artiglierie italiane, che sparavano anche con gli obici da 149/19 piazzati nei pressi di Bagni di Vinadio. L'attacco francese non riuscì a conquistare di sorpresa il passo, anche se i difensori erano costretti a rimanere all'interno della casermetta perché di fatto accerchiati. Il giorno 20 la situazione rimase immutata, mentre nella notte i francesi riuscirono a far giungere in linea ulteriori rinforzi e a sgomberare i feriti e i numerosi congelati. Anche la giornata del 21 passò senza grandi cambiamenti, a parte il continuo bombardamento italiano sulle postazioni francesi del Passo. Il giorno 22 un reparto di Alpini del Battaglione "Aosta" venne inviato in soccorso dei granatieri, ma cadde in un'imboscata che causò morti e prigionieri. Il 23, grazie anche all'arrivo di altri reparti francesi che giunsero alle spalle dei granatieri schierati a Rocca Negra, la battaglia del Passo di Barbacana, ultima battaglia combattuta nella zona durante la Seconda guerra mondiale, si concluse con la resa dei granatieri. Nell'aprile cominciò anche a manifestarsi, in modo sempre più cruento, il fenomeno partigiano nelle retrovie, che portò alla perdita di molti uomini e materiale. Il 25 aprile 1945, in applicazione all'ordine di ripiegamento diramato dal Comando del 3° Reggimento, il II Battaglione ripiegò su Borgo San Dalmazzo dove si sciolse.

Organigramma Battaglione
• Comando (Vinadio) - Comandante: Maggiore Giuseppe Fayer
• Aiutante Maggiore: Tenente Ignazio La Cavera
• Ufficiali: Tenente Bruno Borgiani, Tenente Andrea Temporini, Tenente Vitellio Amista
• Compagnia Comando: Tenente Santi Sessanta
• 6a Compagnia - Comandante: Capitano Bianca. Ufficiali: Tenente Luciano Gallina, Sottotenente Gian Maria Benetti
• 7a Compagnia – Comandante: Capitano Aurelio Manno. Ufficiali: Sottotenente Rossaldo Fatticcioni
• 8a Compagnia - Comandante: Capitano Giovanni Usellin. Ufficiali : Tenente Sirio Giovara, Tenente Renzo Papi
• 9a Compagnia - Comandante: Capitano Olimpio Gosen. Ufficiali: Tenente Pier Giulio Tinelli
• 10a Compagnia - Comandante: Capitano Franco Maffioli. Ufficiali: Sottotenente Luciano Consiglio

III Battaglione Granatieri
Dopo un lungo e difficile trasferimento, parte a piedi e parte in treno, il III Battaglione giunse a Cuneo, da dove venne inviato ad Entracque, passando per Borgo San Dalmazzo e Valdieri. Venne schierato tra il Tenda e la Valle Argentera, dalla Cima del Sabbione alla cima Fremamorta, occupando la linea difensiva che corre sui crinali delle Alpi Marittime appoggiandosi alla catena di fortini della Guardia alla Frontiera, con il compito di sbarrare le due vallate del Gesso: Gesso di Entraque e Gesso della Valletta. Davanti ai fortini si stagliano il Colle di Ciriegia e le cime del Du Gelas. Alcune posizioni erano situate ad oltre 2500 metri

---

del R.E., partigiani, maquisards, riuniti in questo nuovo Battaglione al comando del Maggiore ungherese Zodelhyi, nome francese Michel, mentre gli ufficiali erano italiani, così come i sottufficiali. Il principale combattimento cui partecipò, fino alla fine della guerra, fu la conquista del Passo di Barbacana.

di quota dove, nell'inverno 1944/45, il livello della neve toccò i 2/3 metri di altezza. Nei mesi di dicembre, gennaio e febbraio l'attività bellica fu limitata a frequenti azioni di pattuglie, con pionieri che fecero saltare tratti di rotabili in territorio francese. Il 28 dicembre 1944, due squadre di granatieri disertarono, consegnandosi agli americani a San Martin Vesubie. Molto intenso il fuoco delle artiglierie, con quelle italiane che tenevano sotto tiro la strada della Val Vesubie, percorsa giornalmente dalle autocolonne di rifornimenti francesi. Verso la fine di marzo ripresero le azioni franco-americane, con attacchi più intensi l'11 aprile, dove vennero investite le postazioni della 13a Compagnia, respinti grazie al pronto intervento del Capitano Tesei, e il 13 aprile, dove invece l'attacco venne portato al fortino n. 32 di Colle Ciriegia. Anche in questo caso l'attacco venne respinto, grazie alla manovra aggirante portata dal Capitano Calabrò, comandante della 12a Compagnia, che, con soli 12 uomini, sbaragliò il battaglione attaccante, I/3e R.I.A. (Régiment d'Infanterie Alpine), catturando ben 53 prigionieri, tra i quali il Comandante del Battaglione, Maggiore Rebattet, armi e materiali. I Caduti francesi furono 5, oltre a numerosi feriti, mentre da parte italiana si ebbe solo un ferito. Terminato l'attacco, il Capitano Calabrò si accorse che il fortino 32/a era stato occupato dal nemico, venne subito inviato un plotone per riconquistarlo, operazione che ebbe successo dopo un breve combattimento. Gli attaccanti ebbero a subire forti perdite. Di fronte al III Battaglione erano schierate forze franco-americane valutate in un reggimento appoggiato da due gruppi di artiglieria da montagna e campale. Il 25 aprile giunse l'ordine dal Comando del 3° Reggimento di ripiegare su Borgo San Dalmazzo, l'ordine giunse inatteso ai granatieri, poiché erano saldamente attestati sulle posizioni iniziali e fortemente motivati nella difesa del suolo italico, creando meraviglia e sconcerto[8]. Il 27 aprile 1945 a Cuneo, veniva sciolto il III Battaglione Granatieri. Il Comandante del Battaglione Maggiore Bruno Grisi e il Capitano Antonio Calabrò vennero fucilati dai partigiani il 3 maggio.

Organigramma Battaglione
• Comando (Sant'Anna di Valdieri) - Comandante: Maggiore Bruno Grisi[9]
• Aiutante Maggiore: Tenente Renato Bozza
• Ufficiali: Sottotenente Fausto Mascini, Tenente Mario Cerruti, Capitano medico Tonghini
• Compagnia Comando - Comandante: Capitano Fortini. Ufficiali: Tenente Finigenio Marani
• 11a Compagnia – Comandante: Capitano Federico Gherardi. Ufficiali: Tenente Eugenio De Liguori, Tenente Carlo Caneve, Sottotenente Luigi Sponza
• 12a Compagnia - Comandante: Capitano Antonio Calabrò. Ufficiali: Tenente Aramonino, Tenente Nicola Della Ragione, Sottotenente Giuliani, Sottotenente Benedetto Rosano
• 13a Compagnia - Comandante: Capitano Corradino Tesei. Ufficiali: Tenente Arrigo Bandoni, Tenente Arnaldo Marazzi, Tenente Giuseppe Gianmarinaro
• 14a Compagnia - Comandante: Capitano Wolfango Capriotti, poi Capitano Fortini, infine Tenente Mario Buccianti. Ufficiali: Tenente Emilio Baravalle, Tenente Mario Buccianti, Tenente Palmiro Ridolfi

---
8 Il III Battaglione fu il Battaglione che ebbe maggiori difficoltà nell'effettuare il ripiegamento su Borgo San Dalmazzo, infatti, nonostante l'accordo stabilito tra il Comandante del Reggimento e il Capitano Quaranta (Comandante delle forze partigiane della zona) di dare tempo ai Reparti del Battaglione di lasciare le Vallate entro le ore 12 del 26 aprile, ebbe a subire i primi attacchi dalle formazioni partigiane già dalle prime ore della mattinata del 26, soprattutto nella zona di Entracque, con la perdita e la cattura di alcuni uomini.
9 Il Capitano Bruno Grisi venne promosso al grado di Maggiore dal Duce dopo l'esercitazione a fuoco che il III Battaglione sostenne il 19 luglio 1944 a Nordlager, davanti al Duce e al Maresciallo Graziani, come premio per l'eccellente svolgimento dell'esercitazione compiuta dal Battaglione ai suoi ordini.

- 15a Compagnia - Comandante: Capitano Angelo Minardi. Ufficiali: Tenente Vittorio Compagnoni, Tenente Antonio Foscato, Tenente Alfredo Gotti, Tenente Palla

103a Compagnia Cacciatori di Carro

I granatieri della Compagnia vennero impiegati scaglionati tra i caposaldi posti sul confine francese a sostegno dei Reparti del I Battaglione Granatieri. La sede della Compagnia venne collocata a Prinardo, insieme alla 1a Compagni dal I Battaglione.

Organigramma Compagnia
- Comandante: Sottotenente Marco Costantini
- Ufficiali: Sottotenente Brizzi

▲ Primo piano di un granatiere della Divisone "Littorio" (Pisanò).

▲ Il Generale Tito Agosti, comandante della Divisone "Littorio", con Vittorio Mussolini, secondo genito del Duce, in Germania nel giugno 1944. Agosti indossa un'uniforme composta da un curioso mix di vestiario italiano e tedesco (Pisanò).

▲ Presso il campo di Sennelager nel giugno 1944, un ufficiale della "Littorio" presenta il suo plotone al comandante di Compagnia (Pisanò).

▼ Mussolini ispeziona la Divisione "Littorio" a Sennelager (Cucut).

▲ Partenza della Divisione "Littorio" da Sennelager. In primo piano il Generale Agosti, comandante della Divisione (Galliani).

▼ Un gruppo di ufficiali della Divisione "Littorio" schierato con le bandiere, durante la visita di Mussolini al campo di Sennelager il 18 luglio 1944 (Pisanò).

▲ Una tradotta con Alpini della "Littorio" in sosta in una stazione lombarda, durante il rientro della Grande Unità in Italia (Pisanò).

▲ Granatieri della Divisione "Littorio" schierati nella piazza di una cittadina del cuneese durante una manifestazione (Cucut).

▼ Ancora una fotografia della stessa cerimonia delle foto precedenti: si nota il mix di uniformi utilizzate dai Granatieri (Cucut).

4° REGGIMENTO ALPINI

Costituito inizialmente come 4° Reggimento Granatieri nel giugno 1944, a seguito dell'inquadramento nel Reggimento di un consistente nucleo di alpini provenienti dal disciolto 5° Reggimento Alpini di stanza a Montecchio Emilia, reclutati in Val Camonica, Val Brembana e Val Seriana, venne trasformato in 4° Reggimento Alpini. Venne trasferito nel Campo di Munsingen, lasciato libero dalla Divisione Alpina "Monterosa", per completare l'addestramento e l'organico, costituito dai Battaglioni Alpini "Edolo", "Bergamo" e "Varese" e dai Reparti Reggimentali. Come il resto della Divisione, trascorse i mesi di luglio ed agosto rischiando di essere sciolto, riprese quindi l'addestramento e, il 18 settembre, il Reggimento venne riunito e passato al vaglio da parte di una commissione composta da ufficiali tedeschi, il cui compito era valutare il grado di efficienza raggiunto dai reparti e deciderne il futuro: il rientro dell'unità in Italia o il suo scioglimento e l'utilizzo dei militari nella Flak o come operai militarizzati. La prova decisiva, consistente nell'espugnazione di un fortino, venne superata positivamente dalla 3a Squadra del 3° Plotone dell'8a Compagnia del Battaglione "Bergamo", al comando del Sergente Aristide Galliani. A riprova della bontà dell'esercitazione, i Generale Von Hott e Von Tschudi vollero congratularsi personalmente con il capo squadra, cui seguì un encomio scritto e due bottiglie di vino. Il 1° ottobre 1944 vene consegnata la bandiera da combattimento, benedetta dal Tenente Cappellano Padre Marcello Primiero Tozzi. Dopo sette mesi di addestramento in Germania, finalmente era venuto il momento per il rientro in Italia, che, dopo gli impegnativi preparativi, iniziò la sera del 4 novembre. Il percorso che da Munsingen, attraverso la Germania e l'Austria, passato il Brennero, portava alla Pianura Padana, fu costellato da notevoli difficoltà causate dai bombardamenti sulle linee ferroviarie, sulle rotabili e sui ponti. A Ponte Gardena un violento bombardamento aereo distrusse la ferrovia, ma i Reparti riuscirono a ripararsi all'interno di alcune gallerie, a Mezzocorona venne abbandonata la ferrovia e si proseguì a piedi verso Mantova. A seguito delle necessità operative, il 4° Reggimento Alpini non venne schierato con i restanti reparti della Divisione nella Provincia di Cuneo, ma venne destinato alla difesa della Valle d'Aosta. Il 16 novembre il Reggimento partì da Mantova per raggiungere Ivrea (TO), dove i Reparti vennero acquartierati presso le caserme locali e nei comuni limitrofi. Ai primi di dicembre, il 4° Reggimento giunse nella Valle d'Aosta, raggiunta dai reparti con notevoli difficoltà, causate delle forti nevicate, con il compito di provvedere alla difesa di un sottosettore del Settore di combattimento Aosta, dal Passo Galizia, a sud del Gran Paradiso, fino al Monte Bianco.

Il 4° Reggimento Alpini venne schierato con il Comando a Porta Littoria (odierna La Thuile), la 104a Compagnia anticarro a Morgex, il Battaglione "Varese" sul Piccolo San Bernardo, il Battaglione "Bergamo" sul Col de la Seigne, sul Col du Mont e ai lati del "Varese". Con questo schieramento in prima linea, vennero sbarrate le strade di accesso alla Valle d'Aosta attraverso il valico del Piccolo San Bernardo, della Valgrisanche, della Valle di Rhemes e della Val Veny, costituendo una linea di resistenza che, appoggiandosi ai capisaldi arretrati del "Vallo Alpino", disponeva di avamposti collocati ben quattro chilometri entro il territorio francese. In appoggio ai reparti Alpini, vennero collocate le batterie del I Gruppo Artiglieria da Montagna "Gran Sasso", del 2° Reggimento Artiglieria, schierate alle spalle dei reparti in linea e nelle fortificazioni del "Vallo Alpino". Il Battaglione "Edolo" venne invece schierato nella Val Susa (TO), nella zona di Bardonecchia, dipendendo operativamente dal comando di settore e rimanendo solo amministrativamente in carico al 4° Reggimento, di fatto operò sino alla fine del conflitto alle dipendenze tattiche del 100° Reggimento Cacciatori Alpini tedesco. Il Reggimento non venne quindi impiegato nella sua organicità, come era naturale, ma divise i suoi Reparti tra la Valle d'Aosta e la Valle Susa. Oltre ai suoi Reparti, il 4° Reggimento ebbe ai suoi ordini, durante il ciclo di operazioni, reparti tedeschi di Gebirgsjager e, dal marzo-aprile 1945, la 12a Batteria del Gruppo "Mantova" del 1° Reggimento Artiglieria "Monterosa" e i paracadutisti dei Battaglioni "Nembo" e "Azzurro" del Reggimento "Folgore". I principali combattimenti in cui vennero coinvolti i reparti del Reggimento nel periodo dicembre 1944 - aprile 1945, si svolsero il 21 dicembre 1944, il 23, 27 e 31 marzo e il 9 e 10 aprile 1945, periodi nei quali i francesi lanciarono alcune offensive tese a scardinare le difese del Piccolo San Bernardo e del Rutor, offensive respinte con forti perdite da parte degli attaccanti. Oltre a queste date, nelle quali avvennero gli scontri più violenti, si ebbe una costante opera di pattuglie e di azioni di fuoco, con cannoni e mortai, tese ad interrompere sul nascere ogni tentativo dei reparti francesi di compiere audaci colpi di mano contro gli avamposti maggiormente esposti o per riconquistarli laddove aveva avuto successo l'azione di sorpresa dei soldati francesi. Particolarmente difficili furono le operazioni di rifornimento compiute in alta montagna a causa delle difficili condizioni ambientali, l'inverno 1944/'45 fu particolarmente rigido e nevoso, nel settore affidato al Reggimento furono molte le vittime, militari e civili militarizzati, travolte da valanghe e slavine. Nelle pesanti corvè, oltre ai Reparti Reggimentali, vennero utilizzati anche degli operai militarizzati con funzioni di portatori, tuttavia l'utilizzo di questa forza lavoro fu anche deleterio, perché tra di loro si annidavano delle spie che trasmisero la giusta dislocazione dei reparti, notizie utilizzate dai francesi per compiere colpi di mano con la cattura di alpini. Il 4° Reggimento rimase schierato con i suoi reparti in linea sino al 29 aprile 1945, presidiando passi e colli ed impedendo alle truppe francesi di poter raggiungere Aosta e i principali centri della Regione, cosa che avrebbe creato così le premesse per rivendicazioni territoriali francesi più estese di quelle poi effettivamente richieste con il trattato di pace. Questa posizione era dettata dalla volontà di fare arrivare in Valle prima le truppe americane che risalivano dal Piemonte che i francesi dal confine. Era anche il frutto dell'accordo concordato dal Tenente Colonnello De Felice, Comandante del Reggimento, con il C.L.N. locale, patrocinato dal Maggiore Augusto Adam, il Maggiore Blanc appartenente al Servizio Segreto Americano, paracadutato ai primi di aprile in Valle d'Aosta con il compito di coinvolgere i reparti della R.S.I. a rimanere di presidio, in funzione antifrancese, sino all'arrivo degli americani. L'accordo venne modificato dal C.L.N. il 29 aprile, imponendo, con la decisione di acconsentire alla discesa delle truppe francesi in Valle e quindi di non accettare più l'appoggio degli Alpini del 4° Reggimento, al Tenente Colonnello De Felice di ordinare il cessate il fuoco ai suoi uomini. Il 30 aprile il Tenente Colonnello De Felice, nella sua qualità di Comandante del sottosettore del Settore di combattimento Aosta, diede quindi l'ordine ai Reparti dipendenti di ripiegare verso Aosta e di concentrarsi nella Caserma "Chiarle", dove il 2 maggio giunsero tutti i reparti. Il 4 maggio, Il Tenente Colonnello De Felice sciolse il Reggimento e i militari furono avviati verso il Forte di Bard. Resta da segnalare che ancora il 5 maggio alcuni artiglieri alpini del 4°, dislocati presso la batteria in caverna da 75/27 sul Chaz-Dura, aprirono il fuoco con i cannoni sbarrando l'accesso ai francesi, e che solo su pressioni del C.L.N. locale ripiegarono su Aosta, dopo aver sabotato i pezzi, permettendo così finalmente alle truppe francesi di scendere nella Valle d'Aosta. L'opera ritardatrice degli alpini del 4° Reggimento Alpini Divisione "Littorio", permise agli americani di arrivare ad Aosta il 4 maggio bloccando l'infiltrazione francese.

Organigramma Reggimento
- Comando – Porta Littoria
    - Comandante: primo Comandante il Colonnello Giuseppe Roscioli, poi il Tenente Colonnello Armando De Felice
    - Aiutante Maggiore: Capitano Tarini, poi il Capitano Ghidini, infine il Capitano Negri
    - Ufficiale Cappellano: Tenente (poi Capitano) Padre Marcello Primiero Tozzi
    - Ufficiale d'ordinanza: Capitano Giuseppe Santini
    - Ufficio 1/B: Tenente Ranzani
    - Ufficio 2/A: Capitano Paolo Negri
    - Ufficio 4/A: Tenente Giuseppe Marsiglia, Sottotenente Remigio Belardi, Tenente Longo
    - Ufficio 4/B: Sottotenente Cacciola
    - Ufficio 4/C: Capitano (poi Maggiore) Giorgio D'Onofrio, Sottotenente Zati
    - Ufficio 5: Capitano Roncaglia, Tenente Marti
    - UDOF: Capitano Ferrari, poi il Tenente Santini. Ufficiali: Capitano Boldrini, Capitano Baciocco, Tenente Balsamo,
    - Capitano Rosasco, Sottotenente Enrico Gay
    - Verbindungsoffizier.: Oberst Reimer, Major d.G.Tr. Fendt
- Compagnia Comando Reggimentale - Comandante: Sottotenente Barbara, poi il Tenente Andrea Zani. Ufficiali: Sottotenente Magliocca, Sottotenente Rossitto, Sottotenente Spadoni, Sottotenente Viti, Sottotenente Godino, Capitano Armando Della Rocca
- Colonna Leggera – Comandante: Tenente Gaetano Andrenelli, poi il Capitano Bacchiocco. Ufficiali: Sottotenente Vettori
- Battaglione Alpini "Varese"
- Battaglione Alpini "Bergamo"
- Battaglione Alpini "Edolo"
- 104a Compagnia Cacciatori di Carro

Battaglione Alpini "Varese"
Il Battaglione "Varese", partito da Mantova per Ivrea il 16 novembre, venne acquartierato a Mongrando (BI) in Località Caresane per alcuni giorni, prima di raggiungere la Valle d'Aosta. Riuscito a raggiungere la Valle d'Aosta prima delle grandi nevicate, venne schierato, dopo essere stato equipaggiato con indumenti invernali idonei a Porta Littoria, tutto unito e in modo organico, al Piccolo San Bernardo, principale zona dello schieramento difensivo in quanto punto di collegamento tra la Strada Statale 26 italiana e la Route 90 francese, praticabile anche in inverno, su un fronte che andava dal Mont Valaisan alla Roc Belleface attraverso il Col de Traversette (con avamposto a Roc Noir) e lungo La Commune fino a salire al Clapey. Il Comando del Battaglione "Varese" venne posto alla Villetta, le basi logistiche al Colle e all'Ospizio, le Compagnie su una linea di resistenza, dalla Redoute Ruinèe al Roc Belleface, e su una linea di avamposti ed osservatori posizionati sulle alte quote circostanti, alcune oltre 2800 metri. La 1a Compagnia venne schierata tra punta del Clapey e La Commune, la 2a Compagnia tra Roc Noir, Col de Traversette, Mont Valaisan, con i propri avamposti

intercalati a quelli di reparti tedeschi, con la 3a Compagnia di rincalzo. Lungo la linea di resistenza davanti all'Ospizio, si schierarono la 4a e la 5a Compagnia, con un gruppo mortai a quota 2040, più indietro venne dislocata l'artiglieria alpina. Tale schieramento, con i reparti tedeschi intercalati a quelli italiani, venne mantenuto solamente nel mese di dicembre. Il 21 dicembre, dopo un'intensa attività di artiglieria e mortai, i francesi mossero all'attacco di La Commune, contro gli avamposti della 1a Compagnia. L'attacco ebbe successo e vennero catturate due squadre di alpini. Scattò l'immediato contrattacco che portò alla riconquista delle postazioni abbandonate dai francesi, nello scontro morì il Comandante della 1a Compagnia, il Tenente Pizzolotto[10]. Durante altre azioni collegate all'attacco a La Commune, i francesi catturano alcuni alpini al Mont Valaisan. La battaglia era durata tutto il giorno ma, nella notte tra il 21 e il 22, la situazione era stata completamente ristabilita, con perdite consistenti da parte delle truppe francesi. Il 24 gennaio il Tenente Colonnello De Felice visitava lo schieramento del Battaglione. Il 25 gennaio 1945, nuovo attacco dei francesi contro il forte di Travesette, conquistato, con la cattura dei pochi militari di presidio, e subito perso a seguito del contrattacco degli alpini dei Battaglioni "Varese" e del "Bergamo" appoggiati da reparti tedeschi. A seguito delle perdite subite, delle mutate esigenze tattiche e dei cambi, venne attuata una diversa e meno rigida disposizione dei reparti, attingendo anche a reparti Reggimentali. Nel marzo 1945, lo schieramento del Battaglione "Varese" venne modificato, assumendo il seguente schieramento: la 2a Compagnia venne posta sulla linea del fronte che a lato della rotabile statale verso la Francia si estende attraverso La Commune fino a Roc Belleface con aggregate alcune squadre mortai ed elementi della 4a e della Reggimentale; la 4a Compagnia sulla linea di resistenza davanti al piccolo San Bernardo e la 3a Compagnia sulla linea del fronte da Roc Noir al forte de La Traversette, integrata da reparti tedeschi. Erano inoltre schierati intorno alla Villetta, sede del Comando di Battaglione, e alla cantina 3. Erano presenti osservatori avanzati a Punta de Couloureuse e Punta Clapey. Il 23 marzo nuovo tentativo francese di sfondare la linea di difesa del Traversette, con l'arretramento degli avamposti tedeschi più avanzati e l'abbandono delle postazioni sul Roc Noir e sul Col des Embrassures, dove vengono immediatamente avviate squadre di alpini per occupare altre postazioni. L'offensiva francese si sviluppò nei giorni successivi, 25, 26, 27 e 31, ed interessò lo schieramento avanzato del Battaglione "Varese" e infine anche quello del Battaglione "Bergamo". Nonostante il pesante appoggio dell'artiglieria franco-americana, l'offensiva si risolte in un disastro per le forze attaccanti, a fronte di pesantissime perdite con oltre 100 caduti, con l'unica conquista della posizione del Roc Noir. Con tale schieramento il Battaglione "Varese" rimase in linea sino al 29 aprile 1945, quando ricevette l'ordine di abbandonare le posizioni e ripiegare su Porta Littoria presso il Comando del Reggimento. Raggiunta Porta Littoria si spostò a San Desiderio (Prè S. Didier), da dove venne inviato urgentemente verso il Col di Rhemes per bloccare le avanguardie francesi che, non potendo passare per il Col du Mont ancora bloccato dagli alpini del "Bergamo", tentavano di scendere in Valgrisenche varcando il Colle. A seguito di nuovo ordine del Comando di Reggimento, il Battaglione "Varese" riprese quindi il ripiegamento verso Aosta, raggiunta il 2 maggio, dove si accasermò nella Caserma "Chiarle" in attesa degli eventi. Il 3 maggio gli Alpini consegnarono le armi, tranne gli ufficiali che mantennero la pistola. Il Battaglione "Varese" si sciolse quindi il 4 maggio 1945 a seguito degli accordi di resa concordati tra il Comando del 4° Reggimento e il C.L.N. locale.

---

10 Il Tenente Pizzolotto, la stessa sera in cui cadde, era stato nominato sul campo Capitano.

Organigramma Battaglione
• Comandante: primo Comandante il Tenente Colonnello Bruzichelli, poi il Capitano Baratto, quindi il Capitano Mancini, infine il Maggiore Bruno Ghidini
• Aiutante Maggiore: Tenente Ferrari, poi il Tenente Pietro Missora
• Ufficiali: Sottotenente Celestino Pagani, Tenente Ruy, Sottotenente Colombani, Capitano Longo, Sottotenente Cinguino, Capitano medico Cappelletto, Sottotenente medico Urbinati, Sottotenente Nardella
• Compagnia Comando - Comandante: Capitano Enzo Tarini. Ufficiali: Tenente Palombi
• 1a Compagnia - Comandante: Tenente Pizzolotto, poi il Tenente Carlo Barni. Ufficiali: Sottotenente Del Corto, Sottotenente Rossi, Sottotenente Tofani
• 2a Compagnia - Comandante: Tenente Nardi, poi il Capitano Enzo Tarini, infine il Tenente Vito Serini. Ufficiali: Sottotenente (poi Tenente) Franco, Sottotenente Mattai Del Moro, Sottotenente Del Corto, Sottotenente Biasi
• 3a Compagnia - Comandante: Capitano Ferrero, poi il Capitano Augusto Vianello. Ufficiali: Sottotenente Pasquinelli, Sottotenente Guelfi
• 4a Compagnia - Comandante: Capitano Cesare Casali. Ufficiali: Tenente Bellotti, Sottotenente Benassi, Sottotenente Parisini
• 5a Compagnia - Comandante: Capitano Bianchi, poi il Tenente Livio Salvatori, infine il Tenente Brescia. Ufficiali: Tenente Pietro Missora, Sottotenente Pilenga, Sottotenente Scrivan

Battaglione Alpini "Bergamo"

Il Battaglione "Bergamo" da Mantova giunse a Parella (TO) il 19 novembre, dove venne alloggiato in alcune ville e in locali messi a disposizione dalle autorità locali. Proseguì quindi l'addestramento nella zona, in attesa di ricevere le armi pesanti e l'equipaggiamento invernale, necessario per affrontare i rigori dell'inverno ad alta quota. Il 3 dicembre, ad Ivrea, il "Bergamo" ricevette le drappelle e quindi iniziò il trasferimento verso Aosta. Il tragitto verso il capoluogo della Regione venne fortemente ritardato dalle nevicate e dalle strade ghiacciate, che ostacolarono pesantemente il viaggio dei muli e delle carrette, che continuavano a scivolare sul ghiaccio. Il 5, finalmente, venne raggiunta Aosta, dove il Battaglione sfilò tra gli applausi dei cittadini e pernottò nella Caserma "Testafochi". Il 10 dicembre il "Bergamo" raggiunse Porta Littoria, per essere schierato, a differenza del "Varese", non unito e in modo organico, ma con le sue Compagnie dislocate in alta quota su strategici valichi a presidio delle vallate sottostanti. La 6a Compagnia venne dislocata al Col de la Seigne, a sbarrare l'ingresso della Val Veny, la 7a Compagnia, dislocata al Col du Mont, con il compito di presidiare gli ingressi alla Valgrisenche, mentre l'8a Compagnia, con il comando ai Laghi Bella Comba, era schierata sui valichi La Lex Blanche e Tachuy, alla sinistra degli avamposti del Battaglione "Varese", quale ala sud del Reggimento. Gli avamposti di questa Compagnia erano inseriti in territorio francese, mentre una linea di resistenza era disposta a valle dell'Ospizio e di alcuni capisaldi arretrati sul "Vallo Alpino". Il Comando del Battaglione "Bergamo" era collocato a Liverogne, mentre i Magazzini e il Deposito del Battaglione erano posizionati ad Avise. Le forti nevicate resero molto difficoltose l'attività delle pattuglie e le corvè, spesso valanghe e slavine travolsero gli alpini, causando numerosi caduti e feriti. Particolarmente grave la valanga del 26 gennaio 1945, che travolse una cinquantina di uomini tra alpini e operai della Cogne, morirono 2 alpini e 33 operai. Il 30 dicembre i francesi, favoriti da spie, con un colpo di mano portato da un commando di Chasseurs des Alpes e un gruppo di sciatori, conquistarono la postazione 1 La Lex Blanche e fecero prigionieri gli alpini di presidio, 18 Alpini al comando del Maresciallo Grillo. Una pattuglia di 5 alpini al comando del Sottotenente Baldanchini, che stava trasportando rifornimenti al fortino, ignara dell'accaduto, cadde nell'imboscata dei francesi. Il Sottotenente Baldanchini, in testa alla pattuglia, venne colpito e morì mentre veniva trasportato prigioniero in Francia, mentre i 5 alpini riuscirono a fuggire e ad avvisare il Comando di Compagnia che, con l'azione immediata di alcune pattuglie, provvide a riconquistare la postazione. Il 25 gennaio, alpini dell'8a Compagnia vennero trasferiti urgentemente al piccolo San Bernardo per riconquistare, insieme agli alpini del "Varese" e ai tedeschi, il Forte di Traversette, caduto nelle mani dei francesi. Nel febbraio una squadra di Alpini, insieme ad Alpenjager tedeschi, di scorta a un gruppo di portatori civili che dovevano trasportare rifornimenti dal rifugio Benevolo al Col di Rhemes, venne attaccata dagli sciatori francesi sui contrafforti della Granta Parey, e costretta a rimanere in balia del fuoco nemico sino al calar delle tenebre. Fallita l'offensiva contro le posizioni del Battaglione "Varese" scatenata nelle giornate del 23, 27 e 31 marzo, i francesi rivolsero le loro forze contro la postazione di La Lex Banche difesa dagli alpini dell'8a Compagnia del "Bergamo", attaccandola il 31. Dopo ore di lotta anche questo tentativo francese venne frustrato, con gravi perdite da parte degli attaccanti, mentre gli alpini, tornata la calma, procedettero al recupero delle numerose armi e dei materiali abbandonati, compresi zaini contenenti generi di conforto che furono subito distribuiti e contribuirono ulteriormente a rialzare il morale. Il mese di aprile trascorse senza grandi novità. Lo schieramento iniziale del Battaglione "Bergamo" rimase quindi sostanzialmente immutato dall'entrata in linea nel mese di dicembre 1944 fino a fine aprile. Domenica 29 aprile arrivò l'ordine di iniziare il ripiegamento verso Cormaiora (attuale Courmayeur), da dove il Battaglione "Bergamo" proseguì verso Aosta, giungendovi il 2 maggio, per accasermarsi nella Caserma "Chiarle". In ottemperanza agli accordi di resa stipulati dal Comandante del 4° Reggimento con il C.L.N. locale, il Battaglione "Bergamo" si sciolse il 4 maggio 1945 ad Aosta.

Organigramma Battaglione
• Comandante: primo Comandante Tenente Colonnello Jacopo Mori, poi Maggiore Leonardo Rossi
• Aiutante Maggiore: Sottotenente Rosa, poi Tenente Regoli, quindi Sottotenente Dato, infine Tenente Crosta
• Ufficiali: Sottotenente Giglioli, Tenente Leonardo Santi, Tenente Giuseppe Monfrinotti, Sottotenente Delio Giovenale, Capitano medico Mongelli, Capitano medico Valente, Tenente medico Agogeri, Sottotenente Del Mastro, Sottotenente Prospero Parigi
• Compagnia Comando
• 6a Compagnia - Comandante: Capitano Paolo Mancini, poi Tenente Narciso Balini, infine Tenente Giovanni Rho. Ufficiali: Tenente Crosti, Tenente Michele Pizzigallo, Tenente Narciso Balini
• 7a Compagnia - Comandante: Capitano Giovanni Tramontini. Ufficiali: Tenente Dato, Sottotenente Brugnoni, Sottotenente Fante
• 8a Compagnia - Comandante: Capitano Bruno Ghidini, poi Capitano Caronia, Capitano Tramaglino, il Sottotenente Cortinovis, infine Tenente Pinchi. Ufficiali: Sottotenente Baldanchini, Sottotenente Dato, Sottotenente Elli, Sottotenente Enrico Gay, Sottotenente

(poi Tenente) Mantero, Sottotenente Ramelli
- 9a Compagnia - Comandante: Capitano Massolo. Ufficiali: Tenente Santini, Tenente Pinchi
- 10a Compagnia - Comandante: Capitano Bacchiocco, poi il Capitano Arturo Picedi. Ufficiali: Tenente Narciso Balini, Tenente De Gennaro, Tenente Jacono, Sottotenente Elli, Sottotenente Veggian

Battaglione Alpini "Edolo"

Il Battaglione "Edolo" giunse in Italia il 7 novembre, a Mezzocorona, direttamente dalla Germania con un convoglio ferroviario, proseguendo, dopo aver scaricato i materiali, la marcia per Lavis, continuamente bersagliato da attacchi aerei. Attraversata Trento, fra l'entusiasmo della popolazione, giunse a tarda sera a Calliano, dove si schierò a difesa del paese contribuendo, con i mezzi in dotazione, alla difesa contraerea ed alla riattivazione della linea ferroviaria. Riprese quindi la marcia verso il fronte delle Alpi Occidentali, dove giunse ai primi di dicembre 1944. Il Battaglione "Edolo" venne inserito nel Settore difensivo tenuto dalla 5a Gebirgsjager Division, con i Reparti dislocati nell'alta Valle Susa, alle dipendenze tattiche del 100° Reggimento tedesco comandato dal Colonnello Ernest. Il 13 dicembre 1944 i reparti completarono lo schieramento sulla linea del fronte. Il Comando del Battaglione e il plotone pionieri vennero acquartierati presso l'albergo "Frejus" a Bardonecchia, l'infermeria di Battaglione presso il Convento dei Frati di Bardonecchia, un posto di soccorso a Rochemolles, la 13a Compagnia, più un plotone mortai della 15a e una squadra mortai della 14a, si schierò dalla Gran Bagna al Frejus, la 14a Compagnia a cavallo del Frejus, con un plotone mortai aggregato della 15a in una postazione avanzata della ridotta, l'11a Compagnia, più una squadra mortai della 14a, alla Rognosa d'Etache (estrema destra dello schieramento), la 12a Compagnia nelle retrovie a Ulzio e la 15a Compagnia decentrata presso le altre Compagnie del Battaglione, con il Comando di Compagnia presso la Casa della GIL a Bardonecchia. Compito del Battaglione "Edolo": la difesa del confine e degli impianti civili e industriali della zona, dalla possibile offensiva francese che mirava ad occupare parte del territorio italiano da far valere per le trattative di pace. A partire dalla metà del mese di dicembre l'"Edolo" fu impegnato nel continuo e faticoso lavoro delle pattuglie, bersagliato dal fuoco dei mortai e delle artiglierie francesi, oltre ad essere sottoposto a numerosi attacchi aerei, che intendevano danneggiare le linee di rifornimento, ma che colpirono pesantemente anche il centro abitato di Bardonecchia. In caso di necessità, era previsto che alpini del Battaglione "Edolo" si portassero al Moncenisio per contribuire alla difesa del Colle insieme alle truppe colà dislocate. Il 16 dicembre 1944 un gruppo di alpini, al comando del Sottotenente Bergero, attaccò e distrusse un deposito francese di munizioni, nascosto nei pressi di Entre deux Eaux all'interno di una baita, disimpegnandosi nel ritorno dopo un lungo scontro a fuoco con truppe francesi. Ai primi di febbraio, una pattuglia della 13a Compagnia riuscì ad individuare, e a metter in fuga, una squadra di osservazione francese che, dislocata in un punto proibitivo all'estrema sinistra dello schieramento del Battaglione, dirigeva precisamente il tiro della propria artiglieria, provocando gravi danni soprattutto al 100° Reggimento tedesco. Uno dei principali problemi che afflissero il Battaglione "Edolo" fu la carenza di muli, che costrinse gli Alpini ad effettuare le corvè dei rifornimenti in linea sempre con il materiale a spalle, per tutto il periodo e con ogni tempo. Nonostante le difficoltà dettate dalle condizioni climatiche particolarmente avverse nell'inverno 1944/'45, l'abbigliamento protettivo non sufficientemente idoneo alla necessità e il pericolo costante delle slavine, che caddero in abbondanza, si ebbero solamente una cinquantina di casi di congelamento, dei quali due gravi, e solo 2 Caduti per le slavine. Nel marzo 1945, il Battaglione "Edolo" mise in atto un nuovo schieramento dei propri Reparti, spostando il Comando di Battaglione da Bardonecchia alla diga di Rochemolles, insieme al Comando di Compagnia della 15a, e portando in linea la 12a Compagnia da Ulzio alla linea del fronte, inserita fra la 14a e l'11a Compagnia. Le pattuglie delle varie Compagnie si spinsero ripetutamente in territorio francese, rientrando più volte con prigionieri. Nella notte del 24 aprile, giunse al Comando del Battaglione l'ordine di iniziare il ripiegamento dal mattino del 27, con l'indicazione di ripiegare verso Susa. Il Battaglione "Edolo" rimase a fianco dei Gebirgsjager fino al 27 aprile 1945, quando, dopo aver raccolto l'avamposto distaccato allo Chalet La Pelouse, iniziò il ripiegamento verso Susa. Ad Exilles la colonna del Battaglione venne attaccata dai partigiani, ma riuscì a disimpegnarsi grazie all'arrivo delle truppe tedesche. Da Susa il Battaglione, attraverso Avigliana, Rivoli, Pianezza, Venaria Reale, Caselle, giunse a Leinì i primi di maggio. Qui, dopo che il Maggiore Rozbowski aveva sentito l'ordine del Maresciallo Graziani di cessare le ostilità, venne bruciato il labaro e sciolto il Battaglione. Una parte degli Alpini scelse di rimanere a Bardonecchia, schierandosi con i partigiani, e partecipò ai combattimenti contro i tedeschi in ritirata dalla Val Susa, sfilando a Torino alla fine delle ostilità. Il Battaglione "Edolo" per cinque mesi svolse brillantemente il compito, impedendo anche, alla fine delle ostilità, che i tedeschi procedessero alle già previste distruzioni, salvando così impianti idroelettrici di grande importanza, come la diga di Rochemolles, ed infrastrutture come gallerie, linee ferroviarie e stradali.

Organigramma Battaglione

- Comandante: primo Comandante il Maggiore Alberto Lorini, poi il Maggiore Caronia, infine il Maggiore Biagio Rozbowski.
- Aiutante Maggiore: Capitano Vittorio Casadei
- Ufficiali: Sottotenente Francesco Buscemi, Tenente Enrico Ferrari, Tenente Giannini, Sottotenente Lazio, Sottotenente Bergero, Sottotenente Toti, Sottotenente Tomassoli, Capitano medico Beccagutti, Sottotenente medico Ribezzo
- Compagnia Comando - Comandante: Capitano Giorgio Doveri. Ufficiali: Tenente Vittorio Casadei, Sottotenente Sandrini
- 11a Compagnia - Comandante: Tenente Toscani, poi il Capitano Mannucci, infine il Capitano Gaetano Andrenelli. Ufficiali: Tenente Rambaldo Panunti, Sottotenente Franco Papparella, Sottotenente Zanello
- 12a Compagnia - Comandante: Capitano Giorgio Doveri, poi il Capitano Luciano Chiurlotto. Ufficiali: Sottotenente Aldo Berti, Sottotenente Armando Poggi
- 13a Compagnia - Comandante: Capitano Guido De Mathaeis. Ufficiali: Sottotenente Pedrini, Sottotenente Paolo Zampigni
- 14a Compagnia - Comandante: Tenente Ugo Marinozzi. Ufficiali: Tenente Andrea Guida, Tenente Palma, Sottotenente Trenti
- 15a Compagnia - Comandante: Tenente Angelo Rampinini, poi il Capitano Giorgio Doveri. Ufficiali: Tenente Pilenga, Tenente Federico Russo, Sottotenente Livio Lugnani, Tenente Italo Paglieri, Sottotenente Carlo Farina

104a Compagnia Cacciatori di Carro

La 104a Compagnia Cacciatori di Carro venne dislocata a Morgex, operando come riserva mobile del Reggimento e distaccando sue squadre a sostegno delle postazioni dei Battaglioni "Bergamo" e "Varese". Alla fine delle ostilità seguì le sorti del Reggimento.

Organigramma Compagnia
• Comandante: primo Comandante il Tenente Longarini, poi il Tenente Zocchi, infine il Capitano Mannucci.
• Ufficiali – Tenente Toscani, Sottotenente Lo Curto, Sottotenente Scatolin.

▲ Esploratori ciclisti della Divisione "Littorio" dopo il rientro in Italia della Grande Unità (Pisanò).

▲ Sfila il II Battaglione Esploratori, bandiera in testa, durante una manifestazione in una cittadina della Provincia di Cuneo (Cucut).

▼ Granatieri presso la Scuola d'Alpinismo e Sci di Prazzo (CN), dove veniva preparati i militari alla guerra in alta montagna (Viziano).

▲ I granatieri del presidio del Bunker 3, La Roche la Croix, durante un momento di pausa (Viziano).

▼ Vista d'insieme del Bunker 3 di La Roche la Croix. Nonostante gli anni passati, l'esterno della fortificazione è rimasto pressoché intatto, se confrontato con fotografie del 1945 (Monteguti).

▲ Ufficiale del II Battaglione Esploratori (Quaquaro).

▲ Granatieri del III Battaglione si avviano al rancio (Viziano).

▼ Gruppo di Ufficiali del II Battaglione Esploratori (Quaquaro).

▲ Granatieri di presidio in una fortificazione del Vallo Alpino (Viziano).

▼ Postazione difensiva di Granatieri del II Battaglione, armata con Breda 30, nella Valle Stura (Viziano).

▲ Sorella Antonia Setti Carraro, in servizio presso la 2a Compagnia di Sanità, dislocata all'Ospedale Mauriziano di Aosta, assegnata al 4° Reggimento Alpini (Galliani).

2° REGGIMENTO ARTIGLIERIA

Il 2° Reggimento Artiglieria era costituito da tre Gruppi di Artiglieria Alpina, "Gran Sasso", "Romagna" e "Varese", e dal IV Gruppo di Artiglieria da Campagna. Rientrato in Italia in treno a scaglioni, con il resto della Divisione, tra la fine di ottobre e l'inizio di novembre 1944, subì la pesante offesa aerea Alleata subito dopo il Brennero, che distrusse linee ferroviarie ed infrastrutture, riattate dagli artiglieri in collaborazione con alpini, granatieri e genieri della Divisione, oltre a schierarsi, con l'armamento in dotazione, in funzione antiaerea. A causa delle pesanti distruzioni subite dalle vie di comunicazioni nella Pianura Padana, il trasferimento, verso il fronte delle Alpi Occidentali, venne effettuato con lunghe marce, notturne e su percorsi defilati, che consentirono comunque di raggiungere le località di destinazione con minimi ritardi sulle tabelle di marcia previste. Il 2° Reggimento Artiglieria, a differenza degli altri Reggimenti della Divisione, non venne impiegato in modo organico e unito, in quanto i suoi Gruppi vennero divisi e furono dislocati a sostegno dei Battaglioni del 3° Reggimento Granatieri e del 4° Reggimento Alpini, schierati rispettivamente in Provincia di Cuneo e in Valle d'Aosta. Il 2° Reggimento Artiglieria si sciolse il 27 aprile 1945 a Cuneo.

Organigramma Reggimento[11]
- Comando (Sambuco - Valle Stura)
    - o Comandante: Colonnello Giuseppe Filocamo
    - o Aiutante Maggiore: Maggiore Vincenzo La Corte
    - o Ufficio 4/A: Capitano Francesco Federico
    - o Ufficio 4/D: Tenente Angelo Don Gavioli
    - o UDOF: Tenente (poi Capitano) Pennone; Ufficiali – Tenente Katan
    - o Verbindungsoffizier.: Hptm. Scheinflug, Tenente Huber
- Batteria Comando Reggimentale: Capitano Ermanno Loffredi
- I Gruppo Artiglieria Alpina "Gran Sasso"
- II Gruppo Artiglieria Alpina "Romagna"
- III Gruppo Artiglieria Alpina "Verona"
- IV Gruppo Artiglieria da Campagna

I Gruppo Artiglieria Alpina "Gran Sasso"
Il I Gruppo "Gran Sasso" era costituito da tre batterie di obici, due con obici Skoda da 75/13 e una con obici OTO da 75/18 modello 35. Rientrò in Italia dalla Germania nel novembre 1944 e venne destinato, insieme agli altri Gruppi del 2° Reggimento Artiglieria, nella zona dell'Oltrepò Pavese, alle spalle della Linea Gotica, in un'area dove erano presenti forti formazioni partigiane. Durante la breve permanenza in zona, la 2a Batteria venne attaccata da un'agguerrita formazione partigiana, lo scontro durò tutto un giorno e parte della notte, provocando due caduti tra gli artiglieri. Poiché il 4° Reggimento Alpini era stato destinato alla difesa della Valle d'Aosta, il Gruppo "Gran Sasso" venne destinato al suo sostegno, riprendendo quindi il trasferimento verso la Valle, dove giunse tra fine novembre e i primi

---

11 Il Comando del 2° Reggimento Artiglieria, quando giunse al fronte, trovò molti pezzi e materiali di artiglieria nelle fortificazioni abbandonate del Vallo Alpino. Diede quindi ordine ai Gruppi di reimpiegarli, utilizzando personale in servizio presso le batterie. Le batterie ordinarie diedero quindi origine a delle batterie bis, che vennero quindi indicate con il numero originale accompagnato dal suffisso bis.

di dicembre. Il Comando del Gruppo venne collocato a Porta Littoria, mentre le Batterie vennero dislocate in prima linea, alle dirette dipendenze del 4° Reggimento Alpini, a diretto sostegno dei Battaglioni "Bergamo" e "Varese", schierati a difesa del sottosettore ai lati del Piccolo San Bernardo, e del Gruppo "Aosta" costituito da Reparti italiani e tedeschi, al Lac du Vernej, allo Chaz Dura e a Les Suches - Terre Nere. Sul Monte Belvedere venne collocato l'osservatorio del "Gran Sasso". Gli artiglieri del "Gran Sasso" utilizzarono anche i cannoni da 75/27 della Batteria in caverna del Chaz-Dura[12], costituita da quattro pezzi, come seconda linea difensiva e, in terza linea, due cannoni da 149/35 dislocati a Les Suches-Terre Nere. Sia la Batteria in caverna del Chaz Dura sia i cannoni da 149/35, facevano parte delle fortificazioni dal "Vallo del Littorio". Una delle prime azioni svolte dagli artiglieri del Gruppo "Gran Sasso", fu comunque non un'azione di fuoco, ma la riconquista del "Nido delle Aquile", un piccolo avamposto a tremila metri di quota conquistato alcuni giorni prima dai francesi. Dal dicembre 1944 alla fine di aprile, gli obici al valico e i retrostanti cannoni contribuirono a bloccare tutti i tentativi delle truppe francesi e, il 31 marzo 1945, furono determinanti nello sconfiggere l'attacco decisivo, sostenuto da aerei ed artiglieria americana, contro Roc Belleface ad ovest e la Redoute Ruinèe - Traversette ad est. A partire dal 1° aprile 1945, in supporto alle batterie del Gruppo "Gran Sasso", armate con obici leggeri, venne assegnata la 12a batteria del Gruppo "Mantova" della Divisione "Monterosa", con quattro obici tedeschi FH 18 da 10,5 con i quali fu possibile contrastare a lunga distanza le artiglierie franco-americane. Il 29 aprile 1945, in seguito all'ordine del Comando del 4° Reggimento, il Gruppo "Gran Sasso" iniziò il ripiegamento verso S. Pierre, dove, in accordo con il CLN di Aosta, distaccò una Batteria nella Val di Rhemes mentre le altre due si schierarono nella zona di Sala Dora, in appoggio alle formazioni del C.V.L. contro eventuali infiltrazioni francesi. In seguito, la 3a batteria venne spostata dalla Valle di Rhèmes a Castel Verres, in appoggio alla 176a Brigata Garibaldi, per contrastare un tentativo da parte di truppe tedesche di risalire la valle nella zona di Bard. La 12a batteria del Gruppo "Mantova" venne invece schierata a San Pierre, sempre in appoggio alle formazioni del Corpo Volontari della Libertà. Da sottolineare come questi schieramenti mirassero a contrastare l'eventuale sconfinamento delle truppe francesi nelle vallate aostane. Il giorno 5 maggio il Gruppo "Gran Sasso", in ottemperanza alle clausole di resa concordate tra il Comandante del 4° Reggimento e il CLN Aostano, si sciolse e depose le armi nella caserma "Cesare Battisti" di Aosta. Gli artiglieri vennero trasferiti presso il Forte di Bard, ad eccezione di una parte del personale, 72 artiglieri alpini della 3a e 46 della 12a batteria, che rimase ad Aosta e a S. Pierre per la consegna delle armi e dei materiali. Tale personale venne successivamente trasferito nel campo di prigionia di Modena, transito per il definitivo campo di Coltano. Presso la Batteria di Chaz-Dura, rimasta con tre cannoni da 75/27 efficienti, due artiglieri[13] continuarono a sparare sino al 5 maggio con tiri a sorpresa sul versante del Colle e della Strada Statale n. 26, per poi sabotare i cannoni e ripiegare su Aosta, come da ordine del Comando del 4° Reggimento.

Organigramma I Gruppo "Gran Sasso"
• Comandante: Maggiore Pietro Amodeo Salé

---

[12] La batteria in caverna della Chaz – Dura, venne armata da un piccolo gruppo di 12 artiglieri al comando del Sottotenente Soresina. Erano presenti anche un sergente, un caporale, 5 artiglieri, 2 marconisti, un artigliere con funzioni di cuoco e un caporal maggiore tedesco.

[13] Furono il caporale Carlo Barbero e l'artigliere Giovan Battista Coccia gli ultimi militari a fare fuoco con i cannoni da 75/27 della batteria dello Chaz – Dura.

- Aiutante Maggiore: Tenente Pettorossi
- Ufficiali: Tenente Bianchedi, Tenente veterinario Valetti, Tenente medico Gamberini, Tenente medico Barbera, Sottotenente Soresina
- Batteria Comando - Comandante: Tenente Antonio Carrozza
- 1a Batteria - Comandante: Tenente (poi Capitano) Bartolomeo Angeli. Ufficiali: Tenente Amedeo Gnudi
- 2a Batteria - Comandante: Capitano Guerrieri. Ufficiali: Sottotenente Gavazzi
- 3a Batteria - Comandante: Capitano Guerrini, Sottotenente (poi Tenente) Cesare Pusinelli

Organico
Al rientro dall'addestramento in Germania, il Gruppo aveva una forza effettiva di 1.105 militari, alla data del 1° aprile 1945, il Gruppo "Gran Sasso" aveva un organico di circa un migliaio di uomini.

Armamento
Le batterie del Gruppo "Gran Sasso" erano armate con obici di preda bellica Skoda da 75/13, catturati alla fine della Prima Guerra Mondiale agli Austro-Ungarici, e con i moderni obici italiani OTO da 75/18 modello 18, scomponibili e someggiabili. Nelle postazioni fisse del Vallo Alpino, vennero utilizzati cannoni da campagna da 75/27 e cannoni da 149/35. Le armi individuali erano quelle in servizio nei reparti alpini, con un misto di materiale italiano e tedesco: Mauser 98K, pistole Beretta 34, qualche mitra. Discreta la dotazione di binocoli e telemetri, buona la dotazione di telefoni e centralini telefonici, scarsa quella di radio ricetrasmittenti.

Il Gruppo Artiglieria Alpina "Romagna"
Il II Gruppo "Romagna" era formato da tre Batterie, dotate di obici Skoda e Krupp, questi ultimi, destinati ad armare la 5a Batteria, vennero presi in consegna nel novembre 1944 direttamente al fronte. Partito da Munsingen il 1° novembre, lungo il percorso Insbruck – Brennero – Verona – Milano – Voghera – Cuneo, effettuato parte in treno e parte a piedi, giunse a Borgo San Dalmazzo, in attesa di essere schierato al fronte. Il Gruppo "Romagna", prima di essere inviato sulla linea del fronte, sostò alcuni giorni a Borgo San Dalmazzo, con alcune sezioni sistemate tra Rocca Sparvera e Gaiole, dove si ebbero i primi contatti la realtà dei partigiani. Verso la fine di novembre il Gruppo venne schierato a sostegno del I Battaglione Granatieri del 3° Reggimento, nel settore difensivo delle Alpi Marittime sul fronte Maddalena - Ubaye, lungo una linea che dal Colle del Ferro andava al Puriac, al Ventasuso, al passo della Maddalena e al Bec du Lievre, dove iniziava il presidio del Battaglione "Bassano" della Divisione "Monterosa", spingendosi con la sua 5a Batteria ben dentro il territorio francese. Il Comando del Gruppo venne dislocato a Bersezio; la 4a Batteria venne schierata a Pontebernardo divisa in due sezioni (2 pezzi al Beccorosso e 2 a Pontebernardo); la 5a Batteria si schierò ad Argentera con 3 pezzi, mentre a Larche schierò l'altro obice (successivamente, tra marzo e aprile 1945, la Batteria al completo venne schierata a Larche con i 3 pezzi rimasti funzionanti); la 6a Batteria venne schierata a Pietraporzio. Particolarmente importanti furono gli osservatori, utilizzati sia per le esigenze del Gruppo "Romagna" sia per quelle dei granatieri del I Battaglione. Durante tutto il periodo operativo vennero utilizzati 5 osservatori, collocati

rispettivamente: al Colle del Puriac, a 2506 metri di altitudine; sul Monte Ventasuso, sopra il Colle della Maddalena a 2100 metri di quota, ad osservare la Valle di Larche; al Bec du Lievre, sulla cima a 2770 metri di altitudine, con il compito di sorvegliare Meyronnes e la sua strada e dirigere il tiro degli obici da 149/19 posizionati a Saretto. Nell'ex forte francese di Roche la Croix, indicato come bunker 3 per la difesa italiana; il quinto era mobile e posizionato su un dirupo della Tete de l'Homme ed era stato eretto a partire dall'8 aprile 1945, gli uomini alloggiavano alla Grange de Gascon. L'inverno 1944/45 fu particolarmente rigido e con copiose nevicate, durante la notte la temperatura raggiunse più volte i 25°C sottozero, comportando gravi difficoltà logistiche per l'approvvigionamento di viveri, munizioni e legna, nonché per il mantenimento e la riparazione dei collegamenti telefonici fra i vari capisaldi e gli osservatori[14]. Durante questo periodo, le batterie del Gruppo "Romagna" non dovettero sostenere particolari azioni di fuoco, a parte qualche azione di supporto ai granatieri per contrastare l'azione dei soliti pattuglioni francesi e alcuni brevi scontri durante le missioni di osservazione. La 5a Batteria venne coinvolta in alcuni scontri il 18 dicembre, dove ebbe il primo Caduto, ai primi di gennaio 1945, il 12 febbraio, dove concorse a respingere un attacco francese che aveva aggirato il bunker 1 e il 15 febbraio quando, con un reparto di esploratori tedeschi, respinse una pattuglia francese che mirava a conquistare il bunker abbandonato nella notte dai granatieri. Dai primi di aprile 1945 i francesi iniziarono i preparativi per l'offensiva finale, il 21 iniziò l'attacco in forze contro le posizioni difese dai Reparti della "Littorio", attacco che interessò le posizioni della 5a Batteria, schierata alla Ferme du Colombier sopra Larche, che il 22 dovette ripiegare sulla Maddalena, dopo aver sabotato i pezzi superstiti. Il Colle della Maddalena venne raggiunto dai superstiti il 23 mattino, qui trovarono schierati i pezzi della 4a Batteria e il Comandante del Gruppo, Maggiore Monti, intento a preparare la difesa del Colle e l'eventuale contrattacco per riconquistare le postazioni perdute. Le giornate del 24 e del 25 passano nella preparazione della difesa del colle, mentre proseguiva il bombardamento, verso le postazioni francesi, da parte degli obici da 149/19 della sezione del IV Gruppo distaccata a Saretto e all'Argentera. La sera del 25 arrivò invece al Comando del Gruppo "Romagna" l'ordine di ripiegare verso Demonte e Gaiola, ripiegamento che venne iniziato nella notte, dopo aver reso inservibili le munizioni per gli obici. Giunti nelle località prefissate, venne comunicata agli artiglieri la possibilità di scegliere tra due possibilità: affiancarsi ai tedeschi e ad altri reparti italiani che in colonna stavano ritirandosi verso Torino oppure sciogliersi e arrendersi. La maggioranza scelse di abbandonare le armi. Il II Gruppo "Romagna" venne sciolto e i militari confluirono nella caserma di Borgo San Dalmazzo, dove trovarono anche il Colonnello Filocamo, Comandante del 2° Reggimento Artiglieria, e molti altri ufficiali del Reggimento, rimanendovi sino all'arrivo degli americani, altri vennero catturati nei dintorni e trasferiti a Borgo San Dalmazzo, pochi decisero di seguire i tedeschi e gli altri reparti della "Littorio" che giunsero, dopo aver attraversato metà Piemonte, nella zona franca di Strambino Romano, dove si arresero agli americani ai primi di maggio.

Organigramma II Gruppo "Romagna"
• Comandante: Capitano Alberto Zorzetti poi Maggiore Libero Monti
• Aiutante Maggiore: Tenente Francesco Lo Sappio

---

[14] Per il trasporto dei rifornimenti agli osservatori vennero utilizzati dei portatori civili, retribuiti e militarizzati, abitanti della Valle. In gran parte erano giovani renitenti, rientrati alle loro case visto il comportamento tenuto dai militari del Gruppo.

• Ufficiali: Tenente Luciano Berti, Tenente Carlo Pedrelli, Capitano medico Annibale Cozzari, Tenente medico Sivo, Capitano Eugenio Giannelli
• Batteria Comando - Comandante: Capitano Giovanni Cogliati. Ufficiali: Tenente Eugenio Jublin, Sottotenente Carlo Boffa
• 4a Batteria - Comandante: Capitano Furio Petracchione. Ufficiali: Tenente Carlo Rastrelli, Sottotenente Garrasi
• 5a Batteria - Comandante: Capitano Bonetta, poi Capitano Martinelli, infine Tenente Pecile. Ufficiali: Tenente Bighi, Sottotenente Buraggi, Sottotenente Leone Ravaglia, Sottotenente Puleo
• 6a Batteria - Comandante: Tenente Gian Antonio Placco, poi Capitano Raoul Bergstrom. Ufficiali: Tenente Felice Amati

Organico
Non si hanno indicazioni precise sull'organico del Gruppo "Romagna", sulla base delle tabelle organiche di reparti analoghi, si può supporre una forza variante tra gli 800 e i 1.000 uomini.

Armamento
Due Batterie del Gruppo "Romagna", la 4a e la 6a, erano armate con obici Skoda da 75/13, una, la 5a, con gli obici tedeschi Krupp da 75/21. Le armi individuali erano quelle in servizio nei reparti alpini: Mauser 98K, pistole Beretta 34, qualche mitra. Discreta la dotazione di binocoli e telemetri, buona la dotazione di telefoni e centralini telefonici.

Osservatori
Durante tutto il periodo operativo vennero utilizzati 5 osservatori, sia per le esigenze dell'artiglieria sia per quelle della fanteria. Erano collocati: al Colle del Puriac, a 2506 metri di altitudine; sul Monte Ventasuso, sopra il Colle della Maddalena a 2100 metri di quota, ad osservare la Valle di Larche; al Bec du Lievre, sulla cima a 2770 metri di altitudine, con il compito di sorvegliare Meyronnes e la sua strada e dirigere il tiro degli obici da 149/19 posizionati a Saretto; nell'ex forte francese di Roche la Croix, indicato come bunker 3 per la difesa italiana; il quinto era mobile e posizionato su un dirupo della Tete de l'Homme ed era stato eretto a partire dall'8 aprile 1945, gli uomini alloggiavano alla Grange de Gascon.

III Gruppo Artiglieria Alpina "Verona"
Il III Gruppo "Verona" era formato da tre Batterie, dotate di obici da montagna di preda bellica Skoda. Venne impiegato in Provincia di Cuneo, nel settore difensivo compreso tra Limone Piemonte e il Passo del Tenda, a sostegno dei Granatieri del III Battaglione schierati a difesa dei passi e delle vallate dalle infiltrazioni francesi.

Organigramma III Gruppo "Verona"
• Comandante: Maggiore Guido Monciatti
• Aiutante Maggiore: Capitano Aldo Ceccarelli
• Ufficiali: Tenente Carlo Pedrelli, Sottotenente Natale Cristiani
• Batteria Comando: Capitano Arturo Benedetti. Ufficiali: Tenente Franco Giannotti, Tenente Guido Guidotti

- 7a Batteria - Comandante: Capitano Enrico Ferrari – Trecate. Ufficiali: Tenente Franco Gabrielli, Sottotenente Enrico Guidali
- 8a Batteria - Comandante: Capitano Cesari, poi Tenente Giannoni. Ufficiali: Tenente Coriolano Schiavi, Tenente They Piazza
- 9a Batteria - Comandante: Capitano Eugenio De Corti. Ufficiali: Tenente Franco Gabrielli, Tenente Antonio Poggiali

Organico
Non si hanno indicazioni precise sull'organico del Gruppo "Verona", sulla base delle tabelle organiche di reparti analoghi, si può supporre una forza variante tra gli 800 e i 1.000 uomini.

Armamento
Le Batterie del Gruppo "Verona" erano armate con obici Skoda da 75/13; le armi individuali erano quelle in servizio nei reparti alpini: Mauser 98K, pistole Beretta 34, qualche mitra. Discreta la dotazione di binocoli e telemetri, buona la dotazione di telefoni e centralini telefonici.

IV Gruppo Artiglieria da Campagna

Il IV Gruppo da campagna era costituito da tre Batterie, armate con gli ottimi e moderni obici italiani OTO. I convogli ferroviari che trasportavano il Gruppo dalla Germania, al rientro in Italia ai primi di novembre 1944 con il resto del Reggimento, si fermarono ad Ora (TN), da qui le Batterie del IV dovettero proseguire verso la destinazione finale facendo affidamento solamente sui propri mezzi. Il tragitto da Ora toccò Verona, quindi, attraverso la Lombardia, giunse a Chivasso (TO), per poi proseguire fino a Borgo San Dalmazzo (CN) da dove, dopo un breve periodo di riposo, le Batterie vennero dislocate sulla linea del fronte a sostegno dei Battaglioni Granatieri già schierati. A causa delle pesanti distruzioni stradali e ferroviarie, incontrate lungo il percorso dal Brennero al Piemonte, e alla mancanza di trattrici idonee, oltre che del carburante necessario, Borgo San Dalmazzo venne raggiunta solo nella seconda metà del mese[15]. Il Gruppo venne quindi schierato con le sue Batterie suddivise tra la Valle Stura e la Val Maira, dalla fine di novembre 1944 al mese di aprile 1945. Il IV Gruppo, con i suoi potenti obici da 149/19, venne impiegato anche a supporto delle Batterie del II Gruppo "Romagna" che, data la scarsa gittata degli obici da 75/13, non potevano controbattere i francesi oltre confine. La 12a Batteria venne divisa in due sezioni schierate ad Argentera e a Saretto di Acceglio, l'11a venne schierata prima a Saretto di Acceglio, in Val Maira, e poi dislocata a Vinadio, per un fuoco diretto contro possibili invasori provenienti dal sud. Il 26

---

[15] Il trasporto degli obici OTO da 149/19 era normalmente effettuato, presso il R.E., con il moderno trattore Fiat TM40, ma, nel caso del IV Gruppo del 2° Reggimento Artiglieria, vennero anche impiegate vecchie trattici Pavesi della I Guerra Mondiale, non idonee al traino dei moderni obici. Secondo la testimonianza del sergente A.U. Giorgio Dalmonte, sottufficiale incaricato del trasporto di una batteria al comando di 12 militari, il tragitto da Ora alla Valle Argentera venne effettuato con due trattrici Pavesi, che dovettero trainare i 4 obici della batteria, alternando i viaggi e compiendo quindi il doppio del tragitto per trasportare tutti i pezzi in linea. Il lungo viaggio venne effettuato parte in ferrovia e parte per strada, con notevoli difficoltà dovute alla mancanza di rampe idonee alla salita degli obici e delle trattrici sui pianali ferroviari, mancanza che venne superata con l'italica arte dell'arrangiarsi. Divisi in due gruppi, ognuno con una trattrice e due obici, al comando del sergente Dalmonte e di un altro sottufficiale, partirono da Ora per giungere a Verona e quindi a Chivasso (TO), dove venne loro comunicata la destinazione finale: Borgo San Dalmazzo (CN). Viaggiando sempre di notte, giunsero a destinazione e, dopo alcuni giorni di riposo, partirono per l'ultima tappa: la Valle Argentera, sul confine italo – francese, dove la batteria, presa in carico dagli artiglieri del IV Gruppo, venne schierata al Colle della Maddalena. Durante il viaggio verso Verona, il piccolo gruppo subì un attacco aereo, che provocò la morte di un soldato.

febbraio 1945, l'11a Batteria dislocata a Bagni di Vinadio, su indicazioni accurate pervenute dai granatieri schierati nelle fortificazioni della Cima di Collalonga, con un preciso fuoco di interdizione, colsero di sorpresa la 4a Compagnia del 21/XV B.V.E. francese allo scoperto ad Auron, causandogli numerosi morti e feriti. Il 25 aprile 1945 l'11a Batteria ripiegò in assetto di guerra su Cuneo dove si arrese, i militari della 12a seguirono la sorte dei militari del II Gruppo "Romagna".

Organigramma IV Gruppo[16]
- Comandante: primo Comandante il Maggiore Pietro Curto, successivamente il Capitano Rossi.
- Aiutante Maggiore: Capitano Luigi Pennone
- Ufficiali: Sottotenente Francesco Lazio, Capitano medico Giuseppe De Gennaro
- Batteria Comando - Comandante: Capitano Biagio Patarinella; Ufficiali – Tenente Eugenio De Liguori
- 10a Batteria - Comandante: Capitano Antonino Dessi, poi Tenente Stelio Bardi. Ufficiali: Tenente Giovanni Potenza, Tenente Enzo Rollino, Sottotenente Umberto Cantatore
- 11a Batteria - Comandante: Tenente Andrea Asaro, poi Capitano Piero Lupetina. Ufficiali: Tenente Stelio Bardi, Tenente Pietro Selvaggi, Tenente Giovanni Potenza
- 12a Batteria - Comandante: Capitano Bruno Gandini. Ufficiali: Tenente Felice Barbieri, Tenente Dante Boschini, Tenente Aldo Gnemmi

Organico
Non si hanno indicazioni precise sull'organico del IV Gruppo.

Armamento
Le batterie del IV Gruppo da Campagna erano armate con i moderni obici italiani OTO da 149/19. Le armi individuali erano quelle in servizio nei reparti alpini: Mauser 98K, pistole Beretta 34, qualche mitra[17].

I Gruppi del 2° Reggimento, prendendo posizione sulla frontiera occidentale, trovarono molto materiale e munizioni abbandonate dopo l'8 settembre dal Regio Esercito, furono quindi costituite, con i pezzi rinvenuti e riattati, alcune Batterie bis. Venne inoltre utilizzato un mortaio da 210, recuperato in zona e posizionato ad est di Bersezio, presso la località denominata delle "Barricate". Tale pezzo era stato già posizionato in quella zona durante la breve guerra contro la Francia nel 1940 e lì era rimasto.

---

16 Presso il IV Gruppo Artiglieria da campagna, vennero costituite tre Batterie riutilizzando i pezzi rinvenuti presso le fortificazioni del Vallo Alpino: la 10ª bis, al comando del Capitano Egidio Cossardi; la 11ª bis al comando del Tenente Antonio Barone; la 12ª bis al comando del Capitano Ermanno Loffredi.

17 Venne anche utilizzato dal Gruppo un mortaio da 210, recuperato in zona e posizionato ad est di Bersezio, presso la località denominata delle "Barricate". Tale pezzo era stato già posizionato in quella zona durante la breve guerra contro la Francia nel 1940.

▲ Un militare del 2° Battaglione Collegamenti della "Littorio" impegnato nella stesura di un filo telefonico sotto una tormenta di neve nel gennaio 1945 (Pisanò).

▲ Plotone di fanti della "Littorio" schierato di fronte al Comando di un Reggimento nel gennaio 1945 sul fronte alpino (Pisanò).

▼ Un'ambulanza della Divisione "Littorio" nel febbraio 1945 sul fronte francese. Si tratta di una FIAT 1100 "Einheits", con cabinatura in legno. Dopo l'Armistizio furono molti gli autoveicoli cabinati in legno, per risparmiare prezioso metallo (Pisanò).

▲ Addestramento al tiro degli artiglieri del IV Gruppo in Germania (Viziano).

▼ Obice da 149/19 del IV Gruppo, mimetizzato con frasche e rami, pronto al tiro (Viziano).

REPARTI DIVISIONALI

2a Compagnia Anticarro Divisionale

Di stanza a Busca, svolse compiti di presidio e riserva Divisionale, il 12 aprile 1945 un cospicuo numero di artiglieri, sopraffacendo la resistenza opposta dai non consenzienti, disertò consegnando l'intera Compagnia alle formazioni partigiane.

Organigramma Compagnia
Comandante: Sottotenente Del Rio. Ufficiali: Sottotenente Biagini, Tenente Lendro Cecchini

II Battaglione Pionieri

Il Battaglione venne dislocato nella Provincia di Cuneo, con il Comando a Borgo San Dalmazzo. La 1a Compagnia venne schierata con il 4° Reggimento Alpini nella Valle d'Aosta, dove operò a sostegno del Battaglione "Varese" nelle postazioni al Piccolo San Bernardo, arrendendosi il 4 maggio 1945. Alcuni Reparti del II Battaglione Pionieri ripiegarono con il Comando di Divisione, arrendendosi nella Zona franca di Strambino Romano il 5 maggio 1945.

Organigramma Battaglione
- Comandante: Maggiore Gaspare Antoniozzi, successivamente, Capitano Bruschi
- Aiutante Maggiore: Capitano Minella
- Ufficiali: Tenente Guglielmo Marsilio, Tenente medico Ambrogio Rimoldi, Sottotenente medico Aviotti
- Compagnia Comando
- 1a Compagnia Pionieri - Comandante: Tenente Botio. Ufficiali: Sottotenente Russo, Sottotenente Salasso
- 2a Compagnia Pionieri - Comandante: Capitano Egizio Micheli. Ufficiali: Tenente Olindo Missigoi
- 3a Compagnia Pionieri - Comandante: Tenente Michelini

II Battaglione Esplorante

Il II Battaglione Esploratori venne dislocato tra la Val Pellice e la Val Chisone, svolgendo compiti di presidio e operazioni di sicurezza nelle retrovie contro i partigiani, alla fine di aprile 1945 seguì nel ripiegamento il Comando di Divisione, arrendendosi il 5 maggio 1945 nella Zona franca di Strambino Romano.

Organigramma Battaglione
- Comandante: Capitano Fabio Galigani, poi Capitano Nello Presico, infine Capitano Anco Marzio Da Pas
- Aiutante Maggiore: Tenente Zani
- Ufficiali: Sottotenente Cesare Coccagni, Tenente Rossi, Tenente medico Carlo Colombo, Sottotenente medico Franceschini, Sottotenente Micheloni, Tenente Gino Maiocchi
- UDOF: Tenente Giorgio Manzutto
- Reparto Comando - Comandante: Tenente Franco Ferla. Ufficiali: Tenente Gino Maiocchi, Sottotenente Ghiron

- 1° Squadrone leggero - Comandante: Sottotenente Rosina. Ufficiali: Sottotenente Biagini
- 2° Squadrone leggero - Comandante: Tenente Rosi. Ufficiali: Tenente Amati
- 3° Squadrone pesante - Comandante: Tenente Nello Presico, poi il Tenente Rubra, infine il Tenente Ibba. Ufficiali: Sottotenente Capucci, Sottotenente De Ciglia

II Battaglione Trasporti

Il II Battaglione Trasporti venne dislocato a Borgo San Dalmazzo, provvedendo con i mezzi in dotazione, a motore e ippotrainati, ai rifornimenti della Divisione. Il 27 aprile 1945 una parte del Battaglione riuscì a raggiungere, con altri Reparti della Divisione, la zona franca di Strambino Romano dove si arrese il 5 maggio.

Organigramma Battaglione
- Comandante: Maggiore Angelo Gandini
- Aiutante Maggiore: Tenente De Vido
- Compagnia Comando
- 1a Colonna
- 2a Colonna
- 3a Colonna
- 4a Colonna - Comandante: Capitano Defendente Pogliaca
- 5a Colonna - Comandante: Capitano Mario Mariani, poi Tenente Foresio. Ufficiali: Tenente Gasparri

II Battaglione Collegamenti

Il II Battaglione Collegamenti venne dislocato a Cuneo, provvedendo con le sue Compagnie a stendere i collegamenti tra i vari Comandi e i Reparti schierati nelle vallate. Fu un compito molto difficoltoso, causato delle difficoltà orografiche e dall'inclemenza del tempo, particolarmente nevoso nell'inverno 1944/45.

Organigramma Battaglione
- Comandante: primo Comandante Maggiore Loffredi, successivamente, Capitano Paolo Nobile
- Ufficiali: Sottotenente Donato Cafogna
- Compagnia Comando
- 1a Compagnia - Comandante: Tenente Amani
- 2a Compagnia - Comandante: Tenente (poi Capitano) Bruno Basile
- 3a Compagnia

Reparto Sanità

Il Servizio Sanitario della Divisione "Littorio" venne costituito nel Campo di Sennelager e formato da due Compagnie di Sanità, la 2a e la 102a, una Sezione Ambulanze, la 2a, l'Ospedale da Campo Divisionale. I militari, oltre all'addestramento sanitario, vennero addestrati anche all'uso delle armi. Nelle Compagnie prestarono servizio anche delle Crocerossine.

2a Compagnia di Sanità

Rientrata in Italia nel novembre 1944, prima di essere assegnata al 4° Reggimento Alpini, dislocato nella Valle d'Aosta, mentre era in sosta nel paese di Marcaria, in provincia di Mantova, intervenne a favore della popolazione colpita da un bombardamento che aveva colpito un treno carico di munizioni fermo lungo la ferrovia. Arrivata ad Aosta, dal dicembre 1944 venne ospitata al completo nell'Ospedale Mauriziano, dove operò a favore dei militari e militarizzati, feriti o malati, di ogni Comando, anche se svolse principalmente la sua attività a favore dei militari della "Littorio", dei prigionieri francesi e partigiani, della popolazione locale. Si avvalse anche di Convalescenziari dislocati ad Aosta, Courmayeur e località minori.

Organigramma Compagnia
- Comandante: Capitano medico (poi Maggiore) Mario Zadra.
- Ufficiali: Capitano medico Giuseppe De Gennaro, Capitano medico Spina, Tenente Piero Pampaloni, Tenente Zanetti, Sottotenente medico Alessandro Kluzer

Organico
La Compagnia era formata da circa 220 soldati.

102a Compagnia di Sanità

Rientrata in Italia nel novembre 1944, venne dislocata nel Basso Piemonte, dove svolse il suo compito di assistenza sanitaria a favore del Comando della Divisione "Littorio" e dei Reparti del 3° Reggimento Granatieri. Era dislocata nel Sanatorio di Confreria. Alla fine di aprile 1945, parte della Compagnia ripiegò con altri reparti Divisionali e si sciolse nella zona franca di Strambino Romano il 5 maggio.

Organigramma Compagnia
- Comandante: Maggiore medico Bruno Micheli
- Ufficiali: Capitano medico Camporisi, Capitano medico Augusto Ciabattini, Tenente medico Gallo, Tenente medico Guglielmo Madonna, Tenente medico Mariani, Tenente medico Maschio, Tenente medico Molteni, Tenente Domenico Speciale, Sottotenente Carlo Martini, Capitano Guglielmo Marsilio.

Organico
La Compagnia era formata da circa 220 soldati.

2a Sezione Ambulanze

La Sezione aveva in dotazione: 1 autovettura Fiat "1100", 1 motocicletta Sertum con carrozzino, 18 autoambulanze FIAT 1100, 2 autoambulanze SPA, 1 autoambulanza FIAT, 2 autoambulanze Steyer. La Sezione venne dislocata tra Cuneo e Borgo San Dalmazzo, distaccando 2 autoambulanze presso il 4° Reggimento Alpini in Valle d'Aosta. Nonostante recassero ben visibili i regolamentari segni di neutralità, vennero molto spesso attaccate da aerei Alleati e incapparono nelle mine poste dai partigiani. Comandante il Tenente (poi Capitano) Celideo Conti.

Intendenza

I militari inquadrati nelle varie Compagnie dimostrarono sempre una grande professionalità nell'esplicare le funzioni loro richieste. Di particolare interesse fu la trasformazione, effettuata dai militari della 2a Compagnia Officina, degli automezzi in carico con alimentazione a carbonella, per supplire alla carenza di carburante. I Reparti dell'Intendenza ripiegarono, in parte, il 26 aprile seguendo le sorti del Comando di Divisione, in parte si arresero al C.L.N. locale.

Organigramma Battaglione
• Comandante
• 2a Compagnia Amministrazione: Capitano Patanè
• 2a Compagnia Panettieri: Capitano Miranda; Ufficiali – Sottotenente Cappato, Sottotenente Cesare Coccapani
• 2a Compagnia Macellai - Comandante: Tenente Macaluso
• 2a Compagnia Veterinaria - Comandante: Capitano Mori. Ufficiali: Tenente veterinario Ettore Borgia, Sottotenente Luigi Campana
• 2a Compagnia Officina - Comandante: Capitano Manara. Ufficiali: Tenente Gino Maiocchi
• 2a Compagnia Sussistenza - Comandante: Capitano Giuseppe Marangoni. Ufficiali: Tenente Enzo Ruocco

2a Sezione Mobile G.N.R.
La 2a Sezione G.N.R. venne dislocata a Borgo San Dalmazzo, punto cruciale dello schieramento della Divisione perché importante nodo stradale e logistico. Fu pesantemente impegnata dalle forze partigiane che la costrinsero a svolgere gravosi compiti di polizia ordinaria. Si arrese il 26 aprile 1945 a Borgo San Dalmazzo. Comandante della Sezione, il Capitano Ettore Salvi, fucilato alla fine delle ostilità.

Scuola d'Alpinismo e Sci
Venne costituita allo scopo di preparare i militari della Divisione alla guerra in alta montagna. Dislocata inizialmente a Prazzo, Val Maira, fu quindi trasferita ad Acceglio. Furono oltre 200 i militari che usufruirono dei corsi.
Comandante della Scuola, il Tenente Colonnello Piero Cremese.

▲ Postazione di Alpini della 2a Compagnia al Roc Belleface (Galliani).

▼ Postazione di MG 42, scavata nel ghiaccio al Roc Belleface, della 2a Compagnia (Galliani).

▲ Alpino con MG42 all'uscita da un bunker di ghiaccio, notare la racchetta da neve posta sotto il bipiede per non fare affondare l'arma nella neve (Galliani).

▲ In marcia verso quota 2040, dicembre 1944 (Galliani).

▼ Alpino con radio portatile (Galliani).

▲ Alpini del Battaglione "Bergamo" con MG42 in postazione sul Ruitor (Cucut).

▼ Funerali di un Alpino del Battaglione "Edolo" a Bardonecchia (Galliani).

Bibliografia

- AA.VV., "Soldati e Battaglie della Seconda Guerra Mondiale", Hobby & Work Italiana Editrice, Bresso (MI), 1999.
- Arena Nino, "R.S.I. – Forze Armate della Repubblica Sociale – La guerra in Italia 1943-1944-1945", Ermanno Albertelli Editore, Parma, 2002.
- Crippa Paolo, "I Reparti Corazzati della R.S.I 1943 -1945", Marvia Edizioni, Voghera (PV), 2006.
- Crippa Paolo, "I mezzi corazzati italiani della Guerra Civile 43- 45", Mattioli 1885, Fidenza (PR), 2015.
- Crippa Paolo, Cucut Carlo, "Reparti Bersaglieri nella RSI", Soldiershop, Zanica (BG), 2019.
- Crippa Paolo, Cucut Carlo, "Reparti Alipini nella RSI", Soldiershop, Zanica (BG), 2019.
- Cucut Carlo, "Le Forze Armate della R.S.I. 1943 – 1945 – Forze di terra", G.M.T., Trento, 2005.
- Cucut Carlo, Bobbio Roberto, "Attilio Viziano – Ricordi di un corrispondente di guerra", Marvia Edizioni, Voghera (PV), 2008.
- Del Giudice Davide, "Bersaglieri sulla linea gotica. Storia della divisione «Italia» della RSI dalla Germania al fronte della Garfagnana", Ritter Edizioni, Milano, 2007.
- Kuchler Hein, "Fregi mostrine distintivi della RSI", Intergest, Milano, 1974.
- Pisanò Giorgio, "Gli ultimi in grigioverde", Edizioni F.P.E., Milano, 1967.
- Pisanò Giorgio, "Storia della Guerra Civile in Italia", Edizioni F.P.E., Milano, 1965.
- Rocco Giuseppe, "Con l'Onore per l'Onore – L'organizzazione militare della R.S.I. sul finire della Seconda Guerra Mondiale", Greco & Greco Editori s.r.l., Milano, 1998.
- Sandri Leonardo, "Il Corpo d'Armata "Lombardia" – Armeekorps "Lombardia" – Agosto 1944 – Maggio 1945", Edito in proprio, Milano 2019.
- Sparacino Franco, "Distintivi e medaglie della R.S.I." Editrice Militare Italiana, Milano, 1983.

Riviste e pubblicazioni

- Conti Arturo, "Albo caduti e dispersi della Repubblica Sociale Italiana", Fondazione della R.S.I. – Istituto Storico, Terranuova Bracciolini (AR), 2018.
- Scalpelli Adolfo, "La formazione delle forze armate di Salò attraverso i documenti dello Stato Maggiore della R.S.I." in "Il movimento di liberazione in Italia" numeri 72 e 73, a cura dell'I.N.S.M.L.I., senza editore, 1963.
- "Acta", numeri vari, Fondazione della R.S.I. - Istituto Storico, Terranuova Bracciolini (AR).
- "Uniformi ed armi", numeri vari, Ermanno Albertelli Editore, Parma.
- Ministero Forze Armate, "Istruzione provvisoria sull'uniforme dell'Esercito Nazionale Repubblicano", Tipografia FF. AA., Anno XXII (1944).

Referenze fotografiche

Gran parte del materiale fotografico che arricchisce queste pagine ci è stato gentilmente messo a disposizione nel corso degli anni da ricercatori e collezionisti. Ricordiamo e ringraziamo dunque i compianti cavalier Nino Arena e Giorgio Pisanò, per la concessione fattaci anni addietro nell'utilizzo di fotografie provenienti dai loro vasti archivi. Desideriamo inoltre ringraziare la famiglia del compianto ing. Attilio Viziano, operatore della Compagnia Operativa di Propaganda, che ha permesso l'utilizzo del suo prezioso archivio fotografico. Infine sono state inserite nel testo fotografie della Divisione "Littorio" provenienti dagli archivi Galliani, Lucotti, Quaquaro e Monteguti: un grazie anche a loro

Paolo Crippa & Carlo Cucut

TITOLI GIÀ PUBBLICATI
TITLES ALREADY PUBLISHING

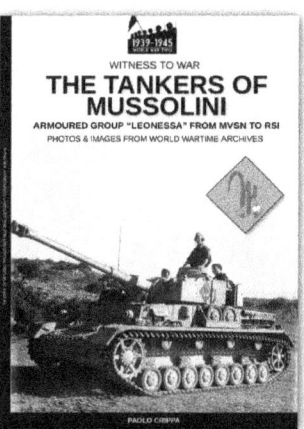
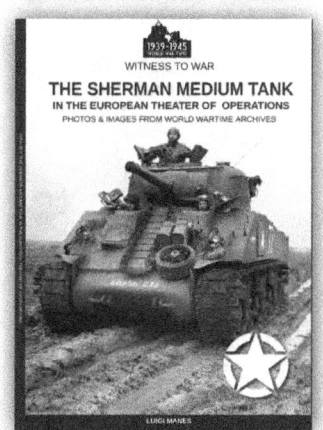